Ki
179

W0184872

JEANNE DIESTELDORF

(K)EINE MUTTER

ABTREIBUNG
Zwölf Frauen erzählen ihre Geschichte

Vorwort von Teresa Bücker
Fotografien von Laura Wencker

Kiepenheuer & Witsch

EINLEITUNG

»(K)eine Mutter« porträtiert zwölf Frauen, die abgetrieben haben. Das Buch gibt ihrer Geschichte Raum. Ihrem Erleben und ihrem Empfinden. Ihrer Weiblichkeit und ihrer Stärke. Ihrer Verwundbarkeit und ihrer Schönheit. Ihrer Entscheidung. Ihren Worten. Zerbricht Sprachlosigkeit.

Im Durchschnitt entscheidet sich jede vierte Frau einmal im Leben dafür, eine Schwangerschaft abzubrechen, im vergangenen Jahr haben rund 101 000 Frauen in Deutschland abgetrieben. Illegal, wenn auch straffrei. Die meisten von ihnen schweigen – im Privaten, im Kleinen, im engen Familienkreis, gegenüber Freunden und Bekannten. Sie schweigen oft auch und erst recht im großen, breiteren, im weiteren gesellschaftlichen Kontext. Das Thema greift tief, es berührt das Fundament individueller Lebens-Weg-Entscheidung. Es ist das vielleicht letzte große Tabuthema unserer Gesellschaft.

Die Diskussion über Notwendigkeit und Veränderung des Paragrafen 219a hat eindrucksvoll gezeigt: Nur sehr wenige Frauen, die abgetrieben haben, beteiligten sich an den öffentlichen Debatten. Politiker und Ärzte, Aktivisten, Richter und Abtreibungsgegner, Kirchenvertreter und Journalisten redeten wortgewaltig und meinungsstark – darüber. Ob Werbung für Schwangerschaftsabbrüche verboten bleiben sollte oder erlaubt werden müsse. Und was das denn eigentlich sei, Werbung in diesem Kontext, was Zugang zu Informationen über Abtreibung bedeute, wie er aussehen könne, solle, müsse. Kaum jemand sagte, dass Schwangerschaftsabbrüche in Deutschland illegal sind. Kaum jemand sprach darüber, wie ungewollt schwangere Frauen in Deutschland informiert, betreut, versorgt, behandelt werden.

Ich auch nicht. Weder im Privaten, im Kleinen noch im Großen. Ich habe abgetrieben und es jahrelang verschwiegen. Ich wünschte mir, mit Vertrauten darüber zu sprechen. Und konnte es nicht. Ich fand keine Worte, schon gar keine passenden. Ich hatte Angst vor dem Unverständnis und vor dem Urteil der anderen. Ich hatte Angst, dass es mir nicht gelingen würde zu erzählen, was war. Zu erklären, warum. Dabei wollte ich das so gern – und ich wollte es eben gerade nicht, ich wollte es verbergen.

Ich begann mir auszumalen, wie der Raum, der Gesprächsrahmen sein müsste, der stimmte. Der (urteils-)frei wäre und dennoch klar begrenzt, der mich behütet und trotzdem weit ist, offen. In dem mir mein Gegenüber mit Respekt begegnet. So entstand die Idee für dieses Buch.

»(K)eine Mutter« gibt zwölf Protagonistinnen Raum, ihre Geschichte zu erzählen: in welcher Lebenssituation sie schwanger wurden. Wie sie über einen Abbruch nachdachten, sich informierten, den Prozess erlebten. Wie sie sich fühlten, davor, währenddessen, danach, seitdem. Ob und wie die Entscheidung sie beeinflusst hat – ihre Beziehung zu sich selbst, die Beziehung zum Partner, zu Vertrauten, Freunden und Familie. In ihrer Schönheit und in ihrer Berührbarkeit. In ihrem riesengroßen Mut, Erlebtes mit uns und den Lesern zu teilen. Zu erzählen, was war. Und wie es sich anfühlt.

Zwischen Juli 2019 und Februar 2020 haben Laura Wencker und ich die zwölf Frauen persönlich getroffen. Wir sind uns an Orten begegnet, die sie ausgesucht haben, dort haben sie mir ihre Geschichte erzählt; Laura hat sie fotografiert, meist im Anschluss an unser Gespräch. Aus dieser Begegnung entstanden Porträts in Wort und Bild. Das gesprochene, gehörte, interpretierte, aufgeschriebene Wort gibt den Details Raum, dem Erlebten, den Ereignissen, chronologisch, emotional, es erinnert und dokumentiert in gewisser Weise. Laura Wenckers Porträtfotografie ergänzt die Worte der Frauen um ihr Bild. Was zeigst du von dir? Während du sprichst oder kurz darauf? Was nehme ich wahr von dem, was du zeigst - bewusst oder unbewusst?

Es ging nicht darum, zu posieren, zu spielen. Es ging darum zu zeigen: Was bedeutet es, in diesem Moment, in dieser höchst intimen Situation zu sein? Über den Schwangerschaftsabbruch zu sprechen? Sich zu zeigen - authentisch, berührbar, dadurch auch verletzlich. Stark. In jedem einzelnen Fall: tief beeindruckend. Unsere Porträts sollen die Frauen so spiegeln, wie wir sie in diesem Moment wahrnehmen durften. Wie sie waren an dem Tag, den wir gemeinsam verbracht haben.

Die Protagonistinnen sind: junge Frauen. Ältere Frauen. Mütter. Keine Mütter. Frauen, die nie Mutter werden wollen. Frauen, die sich heute Kinder wünschen. Frauen aus Ost- und Westdeutschland. Frauen, die vor langer Zeit abgetrieben haben. Frauen, die vor wenigen Monaten abgetrieben haben.

Frauen, die offen über ihren Abbruch sprechen. Frauen, die das in unserem Gespräch zum ersten Mal tun. Frauen, die medikamentös abgetrieben haben. Frauen, die operativ abgetrieben haben. Frauen, die vorher gut beraten wurden. Frauen, die vorher schlecht beraten wurden. Frauen, die vorher gar nicht beraten wurden. Frauen, für die ihre Abtreibung eine Befreiung war. Frauen, die ihre Entscheidung bereuen.

Die Porträts zeigen, dass Abtreibung ein sehr persönliches Thema ist. Das Erlebte ist individuell, variiert mit den Lebensumständen, der (Welt-)Anschauung, den Wünschen, Träumen und Zielen jeder einzelnen Frau. Jede Geschichte unterscheidet sich. Immer. Von allen anderen Frauen. Gerade deshalb ist es so wichtig, dass wir beginnen, offen und respektvoll über das Tabuthema Abtreibung zu sprechen – und zwar mit Frauen, die abgetrieben haben. Nur so können wir einen gesellschaftlichen Rahmen schaffen, der stimmig ist – medizinisch, ethisch, emotional, kommunikativ, politisch und juristisch.

VORWORT VON TERESA BÜCKER

Wenn ein Recht einmal erkämpft wird, dann bleibt es für immer. Von dort aus entwickeln wir uns als Gesellschaft nach vorn. Diese Selbstvergewisserung erzählen wir einander, wir leben in der Sicherheit eines modernen Landes, in der Gleichberechtigung selbstverständlich ist. Oder nicht? Für das Wahlrecht, das 2019 in Deutschland seinen 100. Geburtstag feiern konnte, mag das stimmen. Ein hundertjähriges Recht nimmt uns niemand mehr weg. Doch bei Schwangerschaftsabbrüchen ist die Geschichte eine andere – und zudem eine, über die viele Menschen kaum etwas wissen. Und das, obwohl die Entscheidung darüber, eine Schwangerschaft abzubrechen, etwas Alltägliches ist und etwas sehr Altes. Menschen aus allen Generationen können darüber erzählen, aber noch immer nicht so, als wäre ihr Schwangerschaftsabbruch etwas gewesen, das in ihrer Biografie so normal ist, wie einmal verliebt gewesen zu sein, einen Job begonnen oder sich von einem Beinbruch erholt zu haben. Doch es ist normal. Etwa jede vierte Frau wird im Laufe ihres Lebens einmal die Entscheidung gegen eine Schwangerschaft treffen. Aus ganz individuellen Gründen. Jede dieser Entscheidungen ist in einer freien Gesellschaft legitim. Denn in solchen Gesellschaften haben Menschen das Recht, ihr Leben selbst in die Hand zu nehmen, selbst zu entscheiden über sich und ihren Körper.

Abgetrieben wird schon immer und auch dort, wo Schwangere keine legalen Zugänge zu Abbrüchen haben und sie diese nur unter unsicheren Bedingungen vornehmen lassen können. Sogar dann, wenn sie es selbst tun müssen. Die Weltgesundheitsorganisation schätzt, dass von den 56 Millionen Abtreibungen, die weltweit pro Jahr durchgeführt werden, rund 25 Millionen unter Bedingungen stattfinden, die gesundheitsgefährdend sind oder sogar lebensgefährlich werden können. Mindestens 22 000 Frauen sterben jedes Jahr, Millionen andere leben mit den gesundheitlichen Folgen, weil ihnen ein sicherer Schwangerschaftsabbruch verwehrt wurde.

Die meisten Todesfälle nach Schwangerschaftsabbrüchen ereignen sich in Entwicklungsländern. Doch auch in hochentwickelten Ländern wie Deutschland sind Schwangerschaftsabbrüche keine reguläre medizinische Prozedur. Sie sind vor allem kein Recht, wie viele fälschlicherweise annehmen. Zwar sind die Methoden hierzulande gesundheitlich sicher, doch der rechtliche Status von Abbrüchen ist fragil. Dies erklärt vielleicht, warum es in einem vermeintlich modernen und aufgeklärten Land schwierig sein kann, über den eigenen Körper zu entscheiden, und warum dieser Weg noch immer stigmatisiert wird. Für diejenigen, die unerwartet schwanger geworden sind, kommt es oft überraschend, dass sie im Rahmen ihrer Entscheidung bevormundet, teils schikaniert werden und sie sich am Ende dieser Erfahrung oft fremdbestimmt fühlen und schämen. Dabei könnten ihre Geschichten auch anders verlaufen. Doch nach wie vor schließt sich an die Erfahrung oft Schweigen an, Schuldgefühle oder stille Wut. Das macht es schwer, den Schwangerschaftsabbruch als normales Lebensereignis psychisch zu integrieren, und belastet manchmal noch viele Jahre später.

Das sind nicht die einzigen Dinge, über die man zu Recht wütend sein darf. Hinzu kommt, dass der Zugang zu Schwangerschaftsabbrüchen sich in den letzten Jahren in Deutschland verschlechtert hat und der Trend weiterhin in diese Richtung geht. Immer weniger Ärzt*innen bieten Abtreibungen im Rahmen ihres Leistungsspektrums an, sodass ungewollt Schwangere lange Wege in Kauf nehmen und teilweise sogar das Bundesland wechseln müssen. Bisweilen bedeutet das sogar wieder den Weg nach Holland wie in den 70er-Jahren, weil es manchmal nicht möglich ist, bis zum Ablauf der Frist in einer deutschen Praxis einen Termin zu bekommen. Weil Schwangerschaftsabbrüche noch immer nicht legal sind, werden sie zudem von den Krankenkassen nicht übernommen. Das finanzielle Risiko von Sex verbleibt damit bei denjenigen, die schwanger werden können. Im Zweifel müssen sie die Kosten allein tragen. Solidarität kennt unser Gesundheitssystem an dieser Stelle nicht. Dabei sind wir alle in dieses Thema involviert und sollten als Gesellschaft endlich gemeinsam dafür einstehen, dass diejenigen, die schwanger werden können, immer eine Wahl haben und wir ihrer Entscheidung vertrauen.

In der deutschen Gesetzgebung sind Schwangerschaftsabbrüche noch immer im Strafgesetzbuch geregelt und innerhalb der ersten zwölf Wochen lediglich »straffrei« und keinesfalls legal. Da sie also nach wie vor nur toleriert werden und nicht als Recht verankert sind, sind Schwangerschaftsabbrüche eine freiwillige Leistung von Ärzt*innen und Kliniken. Diejenigen, die helfen wollen, dürfen darüber nur eingeschränkt informieren und es stehen immer wieder Ärzt*innen vor Gericht, die auf ihrer Website darüber aufgeklärt haben, dass und wie sie Schwangerschaftsabbrüche vornehmen.

Abbrüche gehören noch immer nicht zur regulären Gesundheitsversorgung. Ob ein Abbruch in der Stadt, in der man wohnt, vorgenommen werden kann, ist Glückssache. Es gibt kein Recht, das besagt, dass eine Möglichkeit zum Schwangerschaftsabbruch im näheren räumlichen Umkreis bestehen oder dass jede Klinik mit gynäkologischer Abteilung die medizinische Prozedur anbieten muss. Konfessionell gebundene Krankenhäuser können die Leistung ablehnen, obwohl auch sie staatliche Gelder erhalten.

Dass immer weniger Ärzt*innen sich dafür entscheiden, ungewollt Schwangere zu behandeln, hat unter anderem damit zu tun, dass professionell organisierte Abtreibungsgegner*innen Druck ausüben, Drohbriefe schicken und vor Praxen protestieren. Als Ärzt*in weiterhin Abbrüche anzubieten, ist damit heute auch immer noch ein politisches Statement und mit der Entscheidung verbunden, Kritik und Angriffe auszuhalten sowie sich zu überlegen, wie man die eigenen Patient*innen schützt, wenn sie in die Praxis kommen. Daher sind es oft ältere Ärzt*innen, die den Kampf der Frauenbewegung um die Liberalisierung von Abbrüchen in den 70er-Jahren miterlebt haben, die weiterhin und teilweise über das Rentenalter hinaus Patient*innen aufnehmen. Sie erinnern sich daran, dass auch in Deutschland Frauen gestorben sind oder schwer verletzt wurden, weil sie bei den sogenannten »Engelmacherinnen« oder im Selbstversuch abgetrieben haben. Schon das allein wäre Grund genug, Schwangerschaftsabbrüche ein für alle Mal als Selbstbestimmungsrecht zu verankern und sie damit sicher zu machen und eine flächendeckende Versorgung zu gewährleisten, die niemals am Geld scheitern wird. Denn wenn die Versorgungslage sich so verschlechtert wie in den letzten Jahren, dann werden mitten in Europa die unsicheren Abtreibungen zurückkehren und es wird vielleicht auch wieder zu Todesfällen kommen.

Irland hat vorgemacht, wie es besser geht. In einem Referendum und einer nationalen Debatte arbeitete die irische Gesellschaft im Jahr 2018 das bis dahin geltende Abtreibungsverbot auf und machte den Weg dafür frei, Schwangerschaftsabbrüche zu legalisieren. Seither herrscht dort eine liberalere Regelung als in Deutschland und im restlichen Europa. Irische Politiker*innen baten die Frauen um Entschuldigung für das jahrzehntelange Unrecht. Die weitgehende Liberalisierung sollte auch als ein Versuch der Wiedergutmachung für durch das Verbot verursachtes Leid verstanden werden. Der Gesundheitsminister Simon Harris kommentierte die Verabschiedung des Gesetzes im Parlament mit den Worten, dass die Entscheidung ein Zeichen sein solle, das Stigma von Abtreibungen zu beenden und die Entscheidungen von Frauen zu unterstützen. Und er hat recht: Denn überall dort, wo Abtreibungen weiterhin nicht legal sind, bleibt das Stigma erhalten. Jeder Staat und jede Gesellschaft, die eine Kriminalisierung aufrechterhält, beschränkt die Entscheidungsfreiheit ihrer Bürger*innen. Ein Staat, der Schwangerschaftsabbrüche stark einschränkt oder sogar verbietet, vertraut Frauen nicht, sondern erhebt sich über sie und maßt sich an, es besser zu wissen. Die wichtige Frage ist hier: Ist unsere Gesellschaft nicht längst so weit, Schwangerschaftsabbrüche zu legalisieren? Wird dieser gesellschaftliche Fortschritt nicht nur aus dem Grund zurückgehalten, dass diejenigen, die unter den aktuellen Gesetzen leiden, nicht ausreichend in Parlamenten repräsentiert sind?

Wie gleichberechtigt ist unsere Gesellschaft, wenn sie noch immer Menschen für etwas Selbstverständliches stigmatisiert: über den eigenen Körper und das eigene Leben entscheiden zu wollen? Denn solch eine gesetzliche Regelung betrifft im deutschen Recht ausschließlich diejenigen, die schwanger werden können. Kein Cis-Mann muss jemals eine ähnliche Einschränkung über seine reproduktive Selbstbestimmung befürchten. Die aktuelle Gesetzeslage ermöglicht es in Deutschland, dass Schwangere gegen ihren ausdrücklichen Willen dazu gezwungen werden, eine Schwangerschaft auszutragen. Für mich, die selbst zwei Schwangerschaften bis zur Geburt erlebt hat, ist das eine ungeheuerliche Vorstellung. Ich kann mir kaum eine schwerer wiegende Verletzung sowohl meiner körperlichen als auch meiner seelischen Integrität vorstellen, als meiner Selbstbestimmung bei der Entscheidung über eine Schwangerschaft beraubt zu werden. Diese Entscheidung muss ganz allein bei der Person liegen, die schwanger ist – denn ihr allein gehört ihr Körper. Bis die Entscheidung darüber, ob jemand schwanger bleiben möchte oder nicht, nicht als Recht verankert ist, können wir nicht von Gleichberechtigung sprechen.

Aus diesem Grund müssen wir auch rund 50 Jahre, nachdem die feministische Bewegung in Deutschland zumindest die Straffreiheit von Schwangerschaftsabbrüchen durchsetzte, weiterhin für diesen elementaren Teil sexueller Selbstbestimmung kämpfen. Und wir müssen Menschen erzählen lassen und zuhören, wie sie die Abtreibung erlebt haben. Menschen wie den Frauen in diesem Buch. Denn wir sollten uns als Gesellschaft nicht hinter dem Halbwissen verschanzen, dass Schwangerschaftsabbrüche immer und überall möglich sind. Solange ein Schwangerschaftsabbruch kein Recht ist, können sich die Möglichkeiten der reproduktiven Selbstbestimmung auch schnell und unerwartet wieder verschlechtern. Dass Rückschritte möglich sind, zeigen zum Beispiel Gesetzesänderungen in Polen, aufgrund derer Polinnen wieder in Nachbarländer wie Deutschland reisen, um ungewollte Schwangerschaften zu beenden.

Wir sollten es nicht hinnehmen, dass ungewollt Schwangere immer noch stigmatisiert werden, dass ihr Weg zu einem Schwangerschaftsabbruch voller Hürden ist und sie noch immer für ihre Entscheidungen mit Scham und Schuldgefühlen belegt werden. Denn all das hindert Frauen daran, wirklich frei zu sein. Sofern wir in einer tatsächlich gleichberechtigten und menschlichen Gesellschaft leben möchten, sollte sich jede*r dafür einsetzen, dass diejenigen von uns, die zufällig zu den Menschen gehören, die schwanger werden können, genauso über ihren Körper und ihr Leben entscheiden können wie diejenigen, die niemals schwanger sein werden. Eine Politik, die echte Gleichberechtigung ermöglichen will, müsste die Paragrafen 218 und 219 aus dem Strafgesetzbuch streichen und Schwangerschaftsabbrüche zu einer Gesundheitsleistung machen, bei der die Patient*innen sich gut versorgt und unterstützt fühlen.

Die Frauen in diesem Buch haben den Weg in die Öffentlichkeit gewählt und wollen anderen damit zeigen, dass es keine Gründe gibt, sich zu verstecken und zu schweigen. Denn was die Autorin Jeanne Diesteldorf, die Fotografin Laura Wencker und die porträtierten Frauen in diesem Buch zusammengebracht hat, ist, dass sie erkannt haben, dass ihre Erfahrungen politisch sind und der Kampf um reproduktive Selbstbestimmung nicht abgeschlossen ist. Als Leser*innen werden Sie hier Geschichten begegnen, die vielleicht Ihrer eigenen ähneln, Sie werden dazulernen und erfahren, dass die Entscheidungen dieser Frauen so unterschiedlich und individuell waren, wie Menschen nun einmal sind. Bis es sich endlich ändert, dass Schwangere noch heute schlecht behandelt werden, wenn sie sich für einen Abbruch entscheiden, sollten wir diese Erfahrungen immer wieder miteinander teilen. Wir sollten uns zusammentun und einsetzen für eine Gesellschaft, die Frauen endlich voll und ganz vertraut.

Was immer eine Person, die schwanger wird, entscheidet, sie wird das Richtige tun. Wenn in Zukunft über die Entscheidung für oder gegen eine Schwangerschaft gesprochen wird, sollten diese Geschichten von Freiheit handeln, von Selbstbestimmung, von Vertrauen, Respekt und Unterstützung. Die Geschichten im Buch sind ein erster Schritt in diese neue Zeit.

NADJA KUTSCHKE

»ICH HÄTTE MIR DAMALS SO SEHR GEWÜNSCHT, BESSER INFORMIERT ZU SEIN. MEHR DARÜBER ZU WISSEN.«

Nadja hat uns an einem Sonntagmorgen im Sommer zu sich nach Hause eingeladen. Sie wohnt zusammen mit ihrem Freund Ole in Berlin. Es ist noch früh am Tag. Wir sitzen in ihrer Küche an einem Holztisch. Auf der Anrichte stehen Gläser mit frischer Erdbeermarmelade, mindestens ein Dutzend. Die hat Ole gestern Abend selbst gekocht, nun macht er Kaffee, wir frühstücken gemeinsam. Es gibt Müsli mit Milch und dunkelroten Kirschen. An der Wand tickt leise eine Uhr. Draußen, hinter dem gekippten Fenster, zwitschert irgendwo ein Vogel. Nadja studiert Medizin, in wenigen Monaten macht sie ihre Abschlussprüfung, dann ist sie Ärztin. Sie trägt dunkle Kleidung, dezenten Schmuck – drei kleine goldene Ringe an einer schmalen Halskette. Sie blickt uns aus strahlenden Augen an, trotz der frühen Stunde ist sie hellwach, herzlich. Nadja spricht schnell, mit klarer Stimme. Sie lacht viel. Man merkt schon nach kurzer Zeit: Nadja ist klug, ihre Gedanken sind sortiert, sie ist souverän.

Vor etwas mehr als viereinhalb Jahren steht Nadja in ihrem Badezimmer, hier in dieser Wohnung, gleich neben der Küche. Ein schmaler Raum mit Fenster, hinter der Tür ein Waschbecken und eine typische Berliner Altbaubadewanne. In wenigen Tagen ist Weihnachten. Nadja ist 24 Jahre alt. »Ich war zwei Wochen drüber«, beginnt Nadja zu erzählen. »Wie das eben so passiert, man bekommt es erst gar nicht richtig mit. Und dann fiel mir plötzlich auf: Ich hätte schon vor zwei Wochen meine Tage bekommen sollen. Also hatte ich auf dem Heimweg von der Uni einen Schwangerschaftstest besorgt, ganz pragmatisch. Ich wollte einfach so schnell wie möglich wissen, was Sache ist.« Nadja setzt sich auf den Rand ihrer Badewanne. Draußen ist es winterlich kalt, durch das milchige Fensterglas fällt diffuses Grau ins Zimmer. Der Test, den sie gerade gemacht hat, ist positiv.

Nadja trifft sich erst seit einiger Zeit mit Ole. Es ist noch relativ locker zwischen den beiden, nicht klar definiert, ob sie nun offiziell zusammen sind und was aus ihnen werden wird. Aber da ist schon so etwas wie Liebe. Nadja studiert seit zwei Jahren Medizin, sie wohnt allein in einer kleinen Genossenschaftswohnung. Das Geld ist knapp. Sie hat nicht die finanziellen Möglichkeiten, um ein Kind großzuziehen. Und absolut keine Intention, das zu tun. »Ich wollte kein Kind! Ich wollte ins Ausland gehen, ein längeres Praktikum in den Tropen machen. Es war schon alles geplant. In den nächsten Semesterferien sollte es losgehen. Ich hatte in den vergangenen Monaten so hart für diese Chance gekämpft. Ich wollte das jetzt nicht hinschmeißen. Ich wollte raus, Erfahrungen sammeln, lernen, frei sein. Da hätte ein Kind überhaupt nicht reingepasst.«

Nadjas Entscheidung fällt schnell, noch während sie auf dem Badewannenrand sitzt, den positiven Schwangerschaftstest in der Hand. »Als ich den Test sah, habe ich sofort ganz tief in mir drin gewusst: Nein, es geht nicht. Ich kann jetzt kein Kind haben. Und zugleich habe ich mich unglaublich weiblich gefühlt. Nach dem Motto: okay, theoretisch funktioniert es, theoretisch kann ich Kinder bekommen. Total absurd! Aber da war noch ein anderes Gefühl: Ich fühlte mich dumm. Und unwissend. Mir war in diesem Moment völlig unklar, was jetzt zu tun ist. Was ich jetzt machen, erledigen musste, weil ich kein Kind bekommen wollte. Das kannte ich so überhaupt nicht von mir. Ich wusste schon sehr früh, was ich will im Leben. Ich wusste, dass ich Medizin studieren möchte, war immer fleißig, stets darauf bedacht, in der Schule und auch später im Studium diejenige zu sein, die alles weiß. Doch in dem Moment fühlte ich mich einfach nur dumm. Ich wusste nicht, was ich jetzt tun sollte, was der nächste Schritt ist. Auf einmal war es weg, das Gefühl, immer Bescheid zu wissen.«

In Nadjas Schule wurde nie über Abtreibung gesprochen, in keinem Fach. Auch im Freundeskreis war Abtreibung kein Thema. Genauso zu Hause – obwohl Nadjas Ostberliner Familie in Sachen Werte und Moral vollkommen frei und offen ist. Selbst im Medizinstudium hat sie nichts über Abtreibungen gelernt, in keiner einzigen Lehrveranstaltung von Schwangerschaftsabbrüchen gehört – darüber wurde an der Universität schlichtweg nicht gesprochen. Umso härter trifft Nadja an diesem Wintermorgen das Gefühl der Unwissenheit. Völlig klar ist sie hingegen in ihrer Entscheidung, keine Mutter sein zu wollen. Sie will abtreiben. Vom ersten Moment an.

Ole ist zu diesem Zeitpunkt bereits im Weihnachtsurlaub bei seiner Familie in Süddeutschland. Nadja erzählt ihm erst einmal nicht, dass sie schwanger ist. Und abtreiben will. Dafür ruft sie sofort eine enge Freundin an, erzählt von dem positiven Schwangerschaftstest und ihrem Entschluss, das Kind nicht zu bekommen. Nadja und die Freundin kennen sich seit der ersten Klasse. Sofort bietet diese ihre Unterstützung an, fragt Nadja, was sie brauche, ob sie vorbeikommen solle oder ob Nadja einfach nur reden möchte. Auch zum Arzt könne sie Nadja begleiten. Nadja wehrt ab. Sagt, das sei nicht nötig, jetzt, in diesem Moment ihre Gedanken laut aussprechen zu können, reicht. Alles andere will sie allein schaffen.

Sie ist unsicher, in welcher Schwangerschaftswoche sie genau ist – aber sie weiß, dass das entscheidend ist. Zeitdruck hämmert in ihrem Kopf – tick, tack, tick – wie ein Metronom. Eine Art Schmerz-Rhythmus. Das Schlimmste wäre jetzt, zu lange zu warten. Sie darf auf keinen Fall warten. »Ich bin im ersten Moment immer wieder um die gleichen Fragen gekreist. Was, wenn ich schon über der Zeit bin? Was, wenn ich die Schwangerschaft jetzt nicht mehr abbrechen kann? Das war damals meine größte Angst.«

Irgendwo hat sie aufgeschnappt, dass man vor einem Schwangerschaftsabbruch auf jeden Fall einen Beratungstermin braucht. Darum beginnt sie sofort, im Internet nach Beratungsstellen zu suchen, findet zuerst Pro Familia. Es sind mehrere Adressen und Telefonnummern angegeben. Aber bald ist Weihnachten, viele Büros und Praxen haben über die Feiertage geschlossen.

Nadja überschlägt im Kopf: Ihr bleibt genau ein einziger Werktag, um sich beraten zu lassen und zum Arzt zu gehen. Sonst wird es knapp.

Und dieser Tag ist – heute.

Umgehend ruft sie bei der Beratungsstelle an, erklärt die Dringlichkeit und bekommt noch am selben Tag einen Termin, nur zwei Stunden später. Sie fährt sofort los, muss mit der U-Bahn ans andere Ende der Stadt. In dieser Gegend ist sie noch nie zuvor gewesen.

»Das Gespräch bei Pro Familia war klasse!«, erinnert sich Nadja. »Die Frau war sehr verständnisvoll, sie hat mich angeguckt und gefragt: ›Wollen Sie es behalten?‹ – ›Nein‹, habe ich direkt geantwortet. Und damit war alles klar. Sie hat in keiner Weise versucht, mich zu beeinflussen. Ich habe von ihr eine Liste mit Arztpraxen bekommen, die Abbrüche durchführen und zwischen Weihnachten und Neujahr geöffnet haben. Die Liste war lang, eine ganze DIN-A4-Seite mit Informationen, welcher Arzt operative bzw. medikamentöse Abbrüche vornimmt. Das war in der Situation eine große Hilfe.«

Nach dem Beratungstermin steht Nadja draußen auf der Straße. Mitten im Dezemberregen. Sie greift nach dem Handy und ruft ihre Frauenärztin an. Bei der Sprechstundenhilfe bittet sie um einen Termin, sie möchte im Ultraschall abklären lassen, in welcher Schwangerschaftswoche sie ist. Doch die Frau am anderen Ende der Leitung wimmelt sie ab. Nadja wird wütend, Verzweiflung pocht hinter ihren Schläfen. »Aber ich muss doch wissen, wie weit ich bin! Damit ich weiß, wie viel Zeit mir bleibt, um die Schwangerschaft abzubrechen.« Wie sie sich das alles überhaupt vorstelle, keift die Sprechstundenhilfe. Und davon abgesehen: »So etwas« würden sie in ihrer Praxis auch gar nicht machen. Also, nein! Das gehe definitiv nicht. »Diese Frau am Telefon war wirklich böse. Aber zum Glück war das tatsächlich die einzig doofe Situation damals.« Nach diesem erfolglosen Telefonat geht Nadja – immer noch am anderen Ende der Stadt – in die nächste Apotheke und kauft den teuersten Schwangerschaftstest, einen, der auch anzeigt, wie weit sie ist. Den Test macht sie sofort – auf einer öffentlichen Toilette. Das Ergebnis: achte Woche. Nadja bleibt also genügend Zeit. Langsam beruhigt sich ihr Pulsschlag.

Am selben Vormittag – zwischen dem positiven Test und dem Pro-Familia-Termin – hat sie im Internet gelesen, dass ihre Krankenkasse die Kosten für den Abbruch übernehmen wird, da sie noch studiert. Da deren Zentrale ohnehin auf ihrem Nachhauseweg liegt, beschließt Nadja, auch das sofort zu erledigen. »Im ersten Moment hatte ich echt ein bisschen Angst, da reinzugehen, in dieses riesige Gebäude mit Großraumbüro, in dem alle hören, was ich wollte.« Doch ihre Angst ist unbegründet. Die Mitarbeiter sind offen und hilfsbereit. »Die waren klasse! Total nett und professionell, es ging immer nur um die Sache und in keinem Moment um eine persönliche Meinung. Ich musste mich lediglich als Studentin ausweisen und bekam dann den Bescheid zur Kostenübernahme. Auf den Unterlagen stand auch der Geldbetrag, es waren mehrere Hundert Euro. Unglaublich, wie teuer so was ist! Das hätte ich selbst nie bezahlen können. Ich war unheimlich erleichtert, dass das so problemlos funktioniert hat.«

Nach dem Zwischenstopp bei der Krankenkasse ruft Nadja den ersten Arzt auf der DIN-A4-Liste von Pro Familia an und bekommt für den späten Nachmittag einen Termin.

Er untersucht sie, sieht im Ultraschall die Schwangerschaft. »Gucken Sie mal, hier auf dem Monitor, da schlägt das Herz. Sie sind doch Medizinstudentin!« Nadja fängt an zu weinen. Zum ersten Mal an diesem Tag. »Zu sehen, dass da vielleicht der Beginn eines neuen Lebens sein könnte, hat mich unheimlich bewegt. Aber trotzdem habe ich ganz klar gespürt, dass es jetzt nicht geht. Ich habe dem Arzt gesagt, dass ich das Kind nicht bekommen möchte. Dass ich abtreiben will.« Er akzeptiert Nadjas Entscheidung, versucht nicht, sie umzustimmen. Stattdessen erklärt er ihr die beiden Möglichkeiten abzutreiben: medikamentös oder operativ. Er informiert sie über die jeweiligen Schritte und den Ablauf, das Für und Wider beider Methoden. Nadja entscheidet sich für einen medikamentösen Abbruch. Die entsprechenden Tabletten wird sie nach den Feiertagen vom Arzt bekommen.

Dann heißt es warten. Drei Tage Bedenkzeit müssen laut Gesetz bis zum Abbruch vergehen. Ohnehin ist jetzt erst einmal Weihnachten. Ein paar Tage nach dem positiven Schwangerschaftstest fährt Nadja mit dem Zug nach Süddeutschland, besucht dort ihren Freund Ole und seine Familie. Sie erzählt ihm zunächst nichts von ihrer Schwangerschaft. Nichts von ihrer Entscheidung abzutreiben.

»Ich wollte eine ruhige Minute abwarten. Und ich wollte es ihm persönlich sagen, unter vier Augen, ohne Weihnachtsfamilie im Hintergrund – und erst recht nicht am Telefon.« Erst am Tag vor Nadjas Rückfahrt nach Berlin ergibt sich eine passende Gelegenheit, um mit Ole zu reden. »Es hat so unheimlich gutgetan, die Worte endlich offen auszusprechen, ihm gegenüber nichts mehr verschweigen zu müssen. Für mich stand seit Tagen fest, dass ich abtreiben werde. Nach meinem damaligen Empfinden hatte Ole da auch überhaupt kein Mitspracherecht. Das hat ihn im ersten Moment sehr getroffen. Er sagte, er hätte mir doch alles offen gelassen, die Entscheidung für oder gegen die Schwangerschaft, die Entscheidung für oder gegen das Kind – egal in welche Richtung. Aber er hätte gern ein Mitspracherecht gehabt. Er hätte sich gewünscht, dass wir darüber sprechen. Bevor ich meinen Entschluss fasse. Im Nachhinein habe ich oft gedacht, ich hätte es ihm viel früher sagen sollen.«

Trotz allem reagiert Ole liebevoll, bietet Nadja an, am nächsten Tag mit ihr nach Berlin zu kommen. Er möchte für sie da sein, sie unterstützen. Nadja ist sehr erleichtert, dass Ole so viel Verständnis zeigt. Aber: Alles Weitere will sie allein schaffen. Sie sagt ihm, er solle wie ursprünglich geplant noch ein paar Tage bei seiner Familie bleiben. Er ist einverstanden, gibt ihr den Freiraum, den sie für die kommenden Tage braucht.

Am nächsten Morgen fährt Nadja allein zurück nach Berlin, es ist der vorletzte Tag des Jahres. Am Tag darauf – der letzte Tag des Jahres – muss sie morgens noch mal zum Frauenarzt. Sie schluckt die erste Tablette, die ihre Schwangerschaft beenden wird. Eine zweite Tablette gibt er ihr mit nach Hause.

Am Silvesterabend geht sie mit Freunden feiern. Gemeinsam wollen sie das neue Jahr begrüßen. Spät in der Nacht kehrt Nadja zurück und schluckt die zweite Tablette. Sie liegt allein in ihrem Bett, als sie starke Schmerzen bekommt. Die Krämpfe werden immer schlimmer, bis sie kaum noch auszuhalten sind.

»Die Schmerzen haben mich völlig überrumpelt, damit hatte ich nicht gerechnet. Im Badezimmer habe ich dann noch Schmerztabletten gefunden – ASS, ein Mittel, das blutverdünnend wirkt. Im Nachhinein war es total blöd von mir, die zu schlucken. In dem Moment habe ich einfach nicht darüber nachgedacht. Mein Arzt hat vorher auch nichts zum Thema Schmerzmittel gesagt, darüber haben wir gar nicht gesprochen.« Das ASS wirkt nicht. Nadjas Schmerzen werden schlimmer. Nach einer Stunde sind sie unerträglich. Sie bekommt große Angst und ruft einen Krankenwagen. »Ich war darauf nicht vorbereitet. Ich war auf diese schlimmen Schmerzen einfach nicht vorbereitet. Und wollte bloß ein Medikament haben, das mir endlich hilft.« Als der Krankenwagen ankommt, reagiert die Rettungssanitäterin ungehalten. Sie schnauzt Nadja an, wie sie es sich denn erlauben könne, einen Krankenwagen zu rufen – bei so einer »Kleinigkeit«. Da hätte sie doch wirklich mit dem Taxi fahren können.

»Einfach den Krankenwagen zu rufen, war damals vielleicht wirklich unüberlegt. Heute verstehe ich, dass die Sanitäterin so reagiert hat. Aber in dem Moment hatte ich einfach nur unfassbar schlimme Schmerzen. Wollte, dass mir endlich jemand hilft. Ich konnte in diesem Moment nicht mehr klar reflektieren. Im Nachhinein bereue ich es sehr, dass Ole in der Situation nicht bei mir war, dass ich ihm gesagt habe: ›Nein. Ich schaffe das alleine.‹«

Nadja wird ins Virchow-Klinikum gebracht und dort an einen Tropf mit Schmerzmitteln gehängt. Diese wirken, und es geht ihr bald besser. Irgendwann in diesen frühen Stunden des Neujahrsmorgens muss Nadja auf die Krankenhaustoilette. Dort kommt ein großer Schwall Blut. Im grellen Neonlicht sieht sie, was ausgetrieben wird. »Es war hart, den Fötus zu sehen. Dass mich niemand darauf vorbereitet hat. Dass mir niemand vorher erklärt hat, was zu sehen sein kann. Ich habe in dem Moment ganz schlimm geweint. Da war wieder der Gedanke daran, was es hätte sein können. Der Gedanke, dass daraus ein Kind hätte werden können. Ich war mir meiner Entscheidung so sicher. Ohne Frage. Und ich habe es nie bereut, mich für die Abtreibung entschieden zu haben. Gleichzeitig habe ich aber auch begriffen: Es hätte ein neues Leben werden können. Diese Gedanken waren unweigerlich da. In diesem Moment. Es war furchtbar. Einerseits war da Erleichterung, aber auch große Traurigkeit und schlimmer Schmerz. Bedauern. Alles vermischt.«

Bevor Nadja entlassen werden kann, muss sie sich von einer Gynäkologin untersuchen lassen. Die Ärztin ist eine sympathische junge Frau, die ihr alles gut erklärt und Nadja bestmöglich betreut. Auch die Pflegekräfte im Krankenhaus sind nett und verständnisvoll – obwohl sie alle die ganze Silvesternacht lang gearbeitet haben. Im Ultraschall sieht die Ärztin, dass Nadjas Schleimhaut wahrscheinlich wegen der

blutverdünnenden Schmerztablette nicht vollständig abgegangen ist. Sie muss eine Abrasio vornehmen, die Gebärmutter ausschaben, Nadja muss noch ein paar Tage im Krankenhaus bleiben.

Nach der Untersuchung ruft Nadja ihre Mutter an. Erst jetzt erzählt sie ihr, wo sie ist und was passiert ist. Dass sie schwanger war und gerade einen Abbruch hinter sich hat. »Mama hat am Telefon angefangen zu weinen und sich dann sofort dafür entschuldigt. Sie hat gesagt, sie hätte gerade daran denken müssen, dass sie vielleicht Oma geworden wäre. Das Ganze hat sie sehr berührt. Aber sie war total verständnisvoll, hat sich geschnäuzt und gefragt, was ich brauche. Sie ist dann auch gleich zu mir ins Krankenhaus gekommen.« Noch am Telefon bittet Nadja die Mutter, ihrem Vater nichts zu erzählen. Viele Jahre zuvor, Nadja ist gerade einmal 16, ein Teenager, hatte sie eines Abends beim Essen gesagt: »Ich möchte keine Kinder bekommen, ich will Karriere machen.« Nadjas Vater war daraufhin unheimlich wütend geworden, hatte geschimpft, wie sie so etwas sagen könne, sie hätte doch noch überhaupt keine Ahnung vom Leben.

Diese Szene hat Nadja vor Augen, die Worte des Vaters im Ohr, in diesem Moment, am Krankenhaustelefon. »Ist gut«, willigt die Mutter ein. »Ich sage nichts.« – »Aber ich glaube, er weiß es trotzdem«, vermutet Nadja heute. »Er hat mich zwar nie darauf angesprochen. Aber ich glaube, er weiß, dass ich abgetrieben habe.«

Einige Wochen nach der Abtreibung erzählt ein sehr enger Freund von Nadja und Ole den beiden, dass er Vater wird. Dass seine Freundin im selben Monat schwanger geworden ist wie Nadja. Die beiden sind im gleichen Alter, stecken ebenfalls mitten im Studium. Nadjas erster Gedanke: »Die schaffen das! Die beiden schaffen das! Und ich habe es nicht geschafft … In dem Moment hatte ich unheimliche Angst: Was, wenn mich das Kind der beiden die ganze Zeit daran erinnert, dass ich auch eines im gleichen Alter hätte haben können? Was, wenn ich meine Entscheidung in Zukunft bereue? Was, wenn ich an nichts anderes mehr denken kann, sobald ich die beiden mit dem Baby sehe? Wenn ich an mein Baby denken muss?«

Nach dieser Nachricht bricht sie zusammen. Ein einziges Mal. Einen einzigen Tag lang. »Ich habe geweint und geschimpft, ich war so unglaublich wütend – und zugleich voller Angst und Frust. Warum musste das alles überhaupt sein? Warum ist ausgerechnet MIR das passiert? Warum bin ICH schwanger geworden? Warum musste ich da durch?« Ole und Nadja streiten sehr heftig. Nur einmal, nur an diesem einen Abend. Am nächsten Morgen ist der Streit vorbei, vorübergezogen wie ein Gewitter, das sich entladen wollte.

Heute sind beide fest davon überzeugt, dass Nadjas ungewollte Schwangerschaft und die Abtreibung sie damals erst richtig zusammengeschweißt haben. War ihre Beziehung zuvor noch etwas unbestimmt, hat der Abbruch sie einander mit einem Mal sehr nahe gebracht. Auch weil sie irgendwann bemerkt haben: »Wow, mit dir könnte ich mir tatsächlich vorstellen, irgendwann eine Familie zu gründen!« Das Kind ihrer Freunde heute zu sehen, ist für Nadja kein Problem. Sie freut sich jedes Mal sehr, mit dem Kleinen zu spielen. Kein Gedanke daran, was vielleicht hätte sein können.

Eine Erinnerung treibt Nadja aber immer wieder um bis heute: die große Ratlosigkeit nach der Entscheidung abzutreiben. »Ich bin Medizinstudentin und hätte mich eigentlich auskennen sollen. Ich saß da in meinem Badezimmer, den positiven Schwangerschaftstest in der Hand, und wusste genau, ich will das nicht, ich will diese Schwangerschaft nicht. Aber ich hatte keine Ahnung, was zu tun ist. Und das, obwohl es um meinen eigenen Körper ging. Ich selbst war die Person, die schwanger war und Hilfe brauchte. Mitten in einem Land mit einem super Gesundheitssystem. Aber ich wusste nicht, was ich jetzt machen sollte, was mit mir geschieht, an wen ich mich wende. Vollkommen absurd. Vor allem, dass man heute im Medizinstudium noch immer nichts über Schwangerschaftsabbrüche lernt.«

Nadja will anderen Frauen helfen, will verhindern, dass die ebenso ratlos sind in einer vergleichbaren Situation. Nadja beginnt, offen über ihre Abtreibung zu reden. Nichts mehr zu verschweigen. Und sie hilft einer Freundin, die *Medical Students for Choice* zu gründen, eine studentische Arbeitsgruppe, die sich für die Verbesserung der medizinischen Ausbildung rund um das Thema Schwangerschaftsabbrüche einsetzt.

Nadja ist es sehr wichtig, dass man darüber redet. Dass wir alle mehr über Abtreibung reden. Darüber, welche medizinischen Möglichkeiten es gibt, welche Wege und welche Risiken. Darüber, wie Frauen, die ungewollt schwanger werden, sich informieren können. Und zwar fachlich fundiert –

ohne Angstmacherei oder moralische Verurteilung. Damit sich jede Frau frei entscheiden kann, ob sie die Schwangerschaft fortführen oder abbrechen möchte.

Nadja selbst erzählt einige Zeit nach ihrem Abbruch einem guten Freund während eines Spaziergangs von ihrer Abtreibung. Daraufhin meint dieser kühl: »Es ist ja schön, dass du mir das erzählst. Aber das ist wirklich kein Thema, das man irgendwie groß rausposaunen sollte.« Zwischen seinen Zeilen hört Nadja: »Ich will das nicht wissen. Lass mich damit in Ruhe.« Zwei Jahre später wird seine damalige Freundin ungewollt von ihm schwanger und treibt ab. »Da kam er dann zu mir und hat darüber gesprochen. Er meinte, dass es total gut war, dass ich damals so offen mit ihm geredet habe.«

Aus heutiger Sicht ist Nadja überzeugt, dass ihr Schwangerschaftsabbruch viel Positives bewirkt hat. Er hat ihre Beziehung zu Ole stabilisiert, ihre Beziehung zu den engsten Freunden, zu ihrer Mutter. Weil man da irgendwie gemeinsam durch ist, weil ihre Freundin, ihr Freund und ihre Mama für sie da waren. Nadja ist dankbar, dass sie schon 24 Jahre alt war, als sie ungewollt schwanger wurde. Dass sie nicht mehr bei den Eltern lebte, sondern selbstständig war. Und dass sie zu dieser Zeit in Deutschland war. In einem anderen Land, auf einem anderen Kontinent, sogar nur im Nachbarland Polen, ca. 100 Kilometer entfernt, wäre alles ganz anders gelaufen. Und sie ist dankbar, dass ihre Krankenkasse die Kosten des Abbruchs übernommen hat.

Zugleich macht sie all das nachdenklich: »Was, wenn eine Frau nicht studiert und ihre Krankenkasse die Kosten nicht trägt? Was, wenn diejenigen, die am verwundbarsten sind, nicht genug Geld haben? Wenn diese Frauen sich einen Abbruch schlichtweg nicht leisten können?« Bei alldem ist für Nadja ein Punkt zentral: das Selbstbestimmungsrecht der Frau. »Jede von uns hat das Recht zu entscheiden, was mit ihrem Körper geschieht. Jede Frau. Ganz für sich allein. Viele der Argumente in der Diskussion um § 219a sind doch völlig absurd! Als würden Frauen plötzlich aufhören zu verhüten, nur weil es die Möglichkeit gibt abzutreiben. So ein Unsinn! Das macht man nicht einfach mal so. Niemand macht das! Es ist keine schöne Prozedur. Das ist es einfach nicht – da kann man nichts schönreden. Es ist schmerzhaft. Es ist sehr unangenehm. Es tut verdammt weh! Keine Frau macht sich diese Entscheidung leicht. Niemand! Ganz im Gegenteil.

Ich hätte mir damals so sehr gewünscht, besser informiert zu sein. Mehr darüber zu wissen. Vor meinem Abbruch.«

JULIA M.

»ICH HABE GEGLAUBT, ICH KÖNNTE EINFACH SO WEITERMACHEN, ALS WÄRE NICHTS GEWESEN. ALS KÖNNTE ICH AUF DIESE WEISE IN MEIN ALTES LEBEN ZURÜCKKEHREN. IN DIE ZEIT, BEVOR MIR DAS PASSIERT IST.«

Julia betritt die Wohnküche ein paar Minuten später als verabredet. Sie ist groß und zart, nervös. Ihr Gesicht ist weich, der Blick klar, im nächsten Moment kritisch und distanziert, als tanze sie vor und zurück zu einer geheimen Melodie. Julia arbeitet als Ärztin in einem großen Berliner Krankenhaus, an diesem Wochenende hat sie frei. Sie ist mit dem Rad gekommen, dann ein Stück mit der S-Bahn gefahren, es dauert lange, wenn man in dieser Stadt vorankommen will. Es ist noch früh am Sommersonntagmorgen. Wir treffen uns in Nadjas Wohnung. Nadja und Julia sind Freundinnen. Beide haben abgetrieben und erzählen ihre Geschichte. Sie fühlen sich wohler, wenn die andere dabei ist, wenn sie zusammen sind. Ich höre zu. Julia und Nadja haben gemeinsam studiert und an der Charité gelernt. Julias Stimme zittert leicht. In ihren Augen funkeln Angst und Mut, man ahnt, dass sie forsch sein kann, sich durchsetzt, kraftvoll und vehement, wenn sie will.

Vor zehn Jahren, mitten im Frühling, ist Julia neunzehn. Sie wohnt in einer mittelgroßen Stadt in Nordrhein-Westfalen, zu Hause bei ihren Eltern, geht dort aufs Gymnasium.

Sie bereitet sich aufs Abitur vor, seit ein paar Monaten ist sie verliebt, mit ihrem Freund zusammen, ein halbes Jahr lang vielleicht. Die letzte Schulwoche ihres Lebens, bald ist Schluss, die Zeit kurz vor den Osterferien, kurz vor den Abiturprüfungen. Abends ist sie mit ihrem Freund verabredet, die beiden sehen einen Film an und reden über die Schule, aber nicht übers Abi, Kopf abschalten, und schlafen miteinander. Beim Sex reißt das Kondom. »Verdammt!« Julias Gedanken tanzen im Quadrat, ach, Quatsch, wird schon nicht, ihr Verstand übernimmt. Julia schläft unruhig. Am nächsten Morgen geht sie zur Schule, drei Tage noch bis zur endlosen Freiheit, raus hier, dann sind wir erwachsen. Ihre dritte Schulstunde ist frei, sie fährt mit dem Fahrrad zu ihrer Frauenärztin, es ist dringend, auch ohne Termin schiebt die Sprechstundenhilfe sie dazwischen. Julia bekommt ein Rezept für die Pille danach. Damit soll sie in die Apotheke gehen, die Tablette kostet dreißig Euro. »Es war völlig absurd, irgendwie hatte ich nicht genug Bargeld dabei, mein Freund auch nicht, ich war völlig verzweifelt wegen des fehlenden Geldes, dachte die ganze Zeit nur daran, dass ich mich beeilen muss, denn je länger ich warte, desto weniger wahrscheinlich, dass die Pille wirkt.« Irgendwo besorgt Julia das Geld, sie weiß nicht mehr, wo oder von wem, wahrscheinlich hat sie es einfach bei einer Bank aus dem Automaten gezogen. So schnell wie möglich schluckt sie das Medikament.

Drei Tage darauf ist die Schule aus. Julia ist erleichtert, sie feiert mit Freunden und fährt gemeinsam mit ihren Eltern in den Osterurlaub. Holland, eine Woche am salzigen Meerwasser, Wind zerrt am Kopf und an den Haaren, es ist noch kalt, zu kalt, um barfuß im Sand zu laufen. Ab und zu denkt sie an das zerrissene Kondom und die Pille danach. Julia wartet auf ihre Blutung, die kommt nicht, dann schiebt sie die Gedanken beiseite, konzentriert sich aufs Abi-Lernen und aufs Abschalten, packt die Angst in eine Kiste im Kopf, Klappe zu, und setzt sich auf den Deckel.

Zwei Wochen später ist sie wieder zu Hause, immer noch keine Blutung. Julia geht allein in den Drogeriemarkt und kauft sich einen Schwangerschaftstest. Sie sitzt auf dem Rand der Badewanne ihres Elternhauses und wartet. Klischeebild im Kopf, sie sieht den Teststreifen an, lauert, wie viele pinkfarbene Linien malen sich aufs Papier, die drei Minuten sind noch nicht vorüber, da sind es schon zwei.

Julia ist schwanger. »Ich habe es sofort gewusst, in diesem Moment, mir war augenblicklich völlig klar: Ich will das Kind auf keinen Fall. Ich will diese Schwangerschaft auf keinen Fall. Es war wie ein Fremdkörper, wie ein Tumor in mir, wie etwas, das mein Leben zerstören wird. Es hat sich angefühlt wie Krebs.« Sie atmet tief durch, trinkt ein Glas Wasser und ruft eine Frauenärztin an. Eine andere als die, zu der sie eigentlich geht, denn in dieser mittelgroßen Stadt in Nordrhein-Westfalen kennt jeder jeden, wenigstens über zwei Ecken. Sie will nicht, dass jemand in ihrem Umfeld etwas erfährt. Julia bekommt einen Termin für den nächsten Tag, die Ärztin ist sehr freundlich, verständnisvoll, untersucht Julia in Ruhe und spricht mit ihr, begreift, worum es geht, und wohl auch, warum es nicht geht. »Sie wusste, was zu tun ist und wie sie mir weiterhelfen kann. Das hat mir Sicherheit gegeben. Sie hat mir erklärt, dass ich mich zunächst

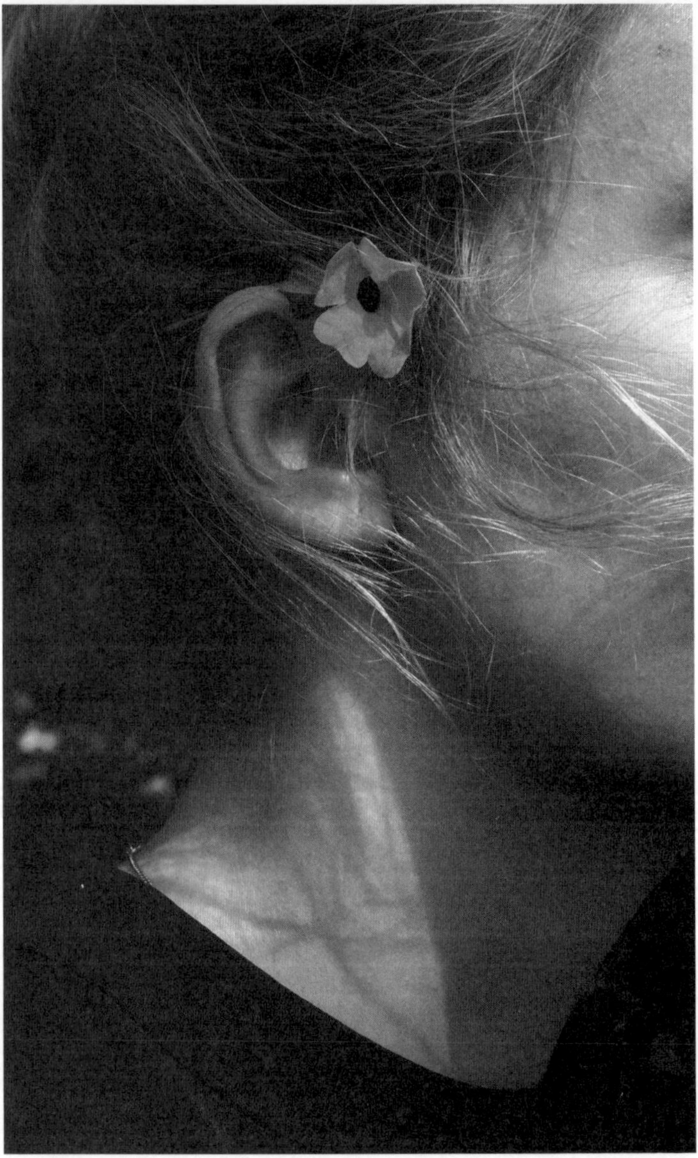

beraten lassen muss, und sie hat mir die Kontaktdaten von Pro Familia gegeben. Dann hat sie mir den Ablauf einer Abtreibung erklärt, gesagt, es geht mit Tabletten und mit einem Eingriff, ich sei noch früh dran, ich hätte noch genug Zeit, in Ruhe zu überlegen und mich zu entscheiden.«

Julia sitzt am Schreibtisch in ihrem Kinderzimmer, jetzt sollte sie lernen und sich auf ihr Abitur vorbereiten. Sie ist ehrgeizig, zwingt sich zur Konzentration, ihr Kopf will sich fokussieren, er will es unbedingt, Julias Körper verkrampft. »Ich habe die ganze Zeit nur gespürt: Ich will dieses Kind auf keinen Fall bekommen. Ich will auf keinen Fall schwanger sein. Ich will es nicht.« Trotzdem grübelt sie, immer wieder, stundenlang, wägt ab, vor und zurück, dreht sich im Kreis. Sie spielt es durch. Ihre Möglichkeiten – Abtreibung oder Mutter werden –, malt sich mögliche Szenarien aus im Kopf, mit Kind und ohne, mit Freund und ohne, allein, mit ihren Eltern, zu Hause oder ganz weit weg, Gedankenkonstrukte. In Julias Magen beißt Verzweiflung. »Dieses Gefühl, dass mir das passieren kann. Dass mir das passiert ist. Ausgerechnet mir. Es hat mir den Boden unter den Füßen weggezogen.« Obwohl Julia genau weiß, dass sie das Kind nicht will, fällt ihr die Entscheidung unendlich schwer.

Zu Beginn der neuen Woche hat sie einen Beratungstermin bei Pro Familia. Julia sitzt der Mitarbeiterin gegenüber auf einem der stapelbaren Holzstühle an einem kreisrunden Tisch, im Rücken ein Fenster zur Straße, eine der unruhigsten der Stadt, schräg gegenüber liegt der Bahnhof. Die Frau fragt, wie Julia sich fühlt. Was genau passiert ist. Sie hört ihr zu, gibt Rat, neutral, bespricht die eine und die andere Möglichkeit, Kind kriegen oder Abtreibung. Ja, sie ist verständnisvoll. Julia sagt, wie schwer sich die Klarheit anfühlt: dass sie die Schwangerschaft auf keinen Fall will. Auf keinen Fall. Die Frau unterschreibt den Beratungsschein und nennt Julia die Kontaktdaten des Arztes, der Abtreibungen durchführt. Ein einziger Arzt.

Zurück zu Hause ruft Julia in der Praxis an und vereinbart einen Termin zum Vorgespräch. Dann wartet sie die drei Tage gesetzlich vorgeschriebene Bedenkzeit ab. Die Arzthelferin ist wunderschön und dünn, hat lange braune Haare, der Arzt ist alt und kugelrund, trägt helle Jeans und weißes Hemd über dem Bauch, seine tiefe Stimme kratzt in den Raum, als würde er zu viel rauchen. Er ist sehr freundlich, routiniert, er macht, was er macht, schon lange, und wenn er bald in Rente geht, dann macht es hier niemand mehr. Er erklärt Julia den Abbruch mit Medikamenten oder operativ, mithilfe einer gezeichneten Abbildung, sie ist noch früh genug dran für beide Möglichkeiten. Julia entscheidet sich gegen den Eingriff, für die Tabletten.

Danach spricht sie mit ihrem Freund. Die beiden sitzen draußen auf einer Bank, frische Luft, sie schlägt die Beine übereinander, verschränkt die Arme vor der Brust. Er ist geschockt. Vielleicht hat er sich trotzdem so was schon gedacht, schließlich war er ja dabei, als die dreißig Euro fehlten. Er schweigt, mehrere Minuten lang. Dann schlägt er vor, okay, die beiden könnten das schon machen, sie könnten das Kind schon bekommen und dann auch heiraten. »Das war sein Vorschlag, mit der Situation umzugehen, das Problem zu lösen: ›Wenn du es behalten willst, können wir heiraten.‹

Mir war sofort klar, dass das keine gute Idee ist. Und schon gar keine Lösung. Denn Heiraten war nicht unser Problem. Mir war vor allem extrem klar, dass ich dieses Kind nicht will. Dass ich mich überhaupt nicht in der Rolle als Mutter sehen kann.« Auch weil Julia überhaupt nicht weiß, wie es weitergeht. In einigen Tagen sind Abiturprüfungen, und dann? Studium, weg von zu Hause, frei sein. Ja, es stimmt, der Rahmen ist da, Julias Eltern könnten sie finanziell unterstützen, die Eltern ihres Freundes auch, sie sind sehr wohlhabend. »Auf gar keinen Fall.« Für ihren Freund ist das okay. Er drängt Julia weder in die eine noch in die andere Richtung. Er sagt nicht, sie solle es sich noch mal überlegen.

Ihren Eltern erzählt Julia nichts. Sie will die Fassade beschützen, aufrechterhalten, so tun können, als wäre alles in Ordnung. Sie will nach Hause kommen können und dort beim gemeinsamen Essen ausruhen vom endlosen Grübeln. Sie will sich den Alltag, das Zuhause bewahren. »Ich habe geglaubt, ich könnte einfach so weitermachen, als wäre nichts gewesen. Als könnte ich auf diese Weise in mein altes Leben zurückkehren. In die Zeit, bevor mir das passiert ist. Als wäre ich nur verreist, vorübergehend in einem Krisengebiet unterwegs. Ich hatte riesengroße Angst. Ich habe mich geschämt. Ich wollte den Tatsachen einfach nicht ins Auge sehen. Eigentlich war ich im Kopf ein Kind.«

Julia lernt und schreibt ihre Abiturprüfungen, ganz nach Plan, drei schriftliche Klausuren. Zwischendurch plant sie die nächsten Schritte, organisiert, was zu tun ist. Sie regelt, was sie tun kann. Julia legt den Arzttermin für die Abtreibung auf den Tag nach der letzten schriftlichen Prüfung. Sie ist fixiert auf die Idee, dass sie erst die Prüfung abschließen muss, dass sie erst das schriftliche Abitur abarbeiten muss. Weil sie ihre Schwangerschaft sehr früh bemerkt hat, bleibt ihr die Zeit. Sie weiß bereits in der zweiten – rechnerisch in der vierten – Woche, dass sie schwanger ist.

Ihre letzte Klausur, Englisch, läuft nicht gut. Am nächsten Tag geht sie wieder zum freundlich schnaufenden Arzt. Er sitzt ihr gegenüber hinter dem gläsernen Schreibtisch, vor dem Fenster stehen alte Bäume, Wind wackelt an ihren Blättern. Der Arzt gibt ihr eine einzelne weiße Tablette, die ihre Schwangerschaft beendet. Sie liegt in einem winzig kleinen Plastikbecher, daneben ein Glas Wasser zum Schlucken. Sie muss das Medikament in seinem Beisein einnehmen. Zwei Tage später bekommt sie von ihm noch ein anderes Medikament, das Wehen auslösen soll, um alles auszubluten. Eine knappe Woche später, an einem Freitag, geht sie abends mit Freunden ins Kino, belangloser Film, sie erinnert sich nicht mehr, welcher es war, völlig egal. In ihrem Bauch ziept es, erst leicht, dann immer stärker, sie fühlt sich schlecht. Nachts beginnt sie plötzlich, stark zu bluten, das Ziepen wird Schmerz und immer schlimmer. Julia wälzt sich im Bett hin und her, schleicht heimlich ins Badezimmer und wieder zurück, weiß weder ein noch aus. Irgendwann, ein paar endlose Stunden später, ebben die Krämpfe ab, sie schläft unruhig, schleppt sich irgendwie durchs Wochenende, ohne dass ihre Eltern etwas bemerken. Montagmorgens geht sie sofort zurück zum Arzt, er untersucht Julia und sieht, es ist nicht alles abgegangen. Der Schwangerschaftsabbruch mit Tablette hat nicht geklappt, es lief schief,

nun muss er eine Ausschabung machen. Julias Körper verkrampft, sie will sich verkriechen, keine Ahnung, wohin mit dem Druck und den Schmerzen. »Ich war völlig verzweifelt. Ich musste lernen, hatte meine mündliche Abiturprüfung vor mir. Ich wollte einfach, dass es endlich vorbei ist. Damit die Angst weggeht und ich mich vorbereiten kann.«

Die Ausschabung wird ambulant gemacht, der Arzt mietet dafür Räume in einer großen Praxis, jeden Freitagmorgen für ein paar Stunden. Am Tag des Eingriffs sitzt Julia neben ihrem Freund im Wartezimmer. Er hat sich das Auto seines Vaters geliehen, um Julia nach der Operation nach Hause zu bringen. Sie darf dann nicht allein sein, jemand muss sich um sie kümmern, das hat man ihr vorher erklärt, sie musste unterschreiben, dass da jemand ist. Im Wartezimmer mischt sich Routine mit Angst und Traurigkeit und hellgrauer Normalität. Hier arbeiten mehrere Ärzte aus verschiedenen Fachgebieten, die Stühle stehen in einem großen Rechteck um einen kleinen Tisch mit zerfledderten Zeitschriften, nicht alle Anwesenden sind zum Abbruch da. »Mir wurde in diesem Moment klar, wie wenig ich auf meinen Freund bauen kann. Er würde nämlich jetzt noch mit mir hier warten, hat er gesagt, aber später, wenn ich drin sei im OP, würde er lieber in die Spielothek um die Ecke gehen, bis ich fertig bin. Und das hat er dann auch tatsächlich gemacht.«

Sie erinnert sich nur noch an Fetzen, Augenblicke wie milchige Polaroidfotos. Vor dem Eingriff spricht ein Anästhesist mit ihr. Er fragt nach Vorerkrankungen, Unverträglichkeiten und wie sie sich fühle. »Ich muss noch lernen, ich muss noch Bio machen, die Prüfung ist am Dienstag, habe ich geantwortet. Er hat mich angestarrt, erst erstaunt, dann angewidert: ›Dann hättest du es ja eigentlich besser wissen müssen.‹« Nach dem Eingriff liegt Julia im Aufwachraum neben einer anderen Frau, die beiden wechseln ein paar Worte, sie ist Mutter von sechs Kindern und hat gerade ihre siebte Schwangerschaft abgebrochen. »Für mich war das alles völlig unwirklich.«

Zwischen dem zerrissenen Kondom und diesem Moment sind sechs oder sieben Wochen vergangen. Es ist die schlimmste Zeit ihres Lebens. Julia wartet lange zwischen den Worten. Sie weint. Wir weinen alle vier. »Ich musste es machen. Es ging nicht anders. Ich kam daran nicht vorbei, an diesem Wissen, dass es unmöglich ist. An diesem Gefühl, dass ich das auf keinen Fall will.« Julia neigt dazu, sich an Herausforderungen vorbeizuschlängeln, drumherum einen Ausweg zu erkunden, auch wenn er länger ist als mittendurch. Aber damals hat sie keine Möglichkeit, keinen Umweg. Es war einfach keine Option, das Kind zu bekommen. »Ich musste da durch. Und ich musste das alleine machen.«

In der Schule hat Julia immer mal wieder in verschiedenen Unterrichtsfächern über das Thema Abtreibung gesprochen. Sie hat sich damit beschäftigt und so für sich selbst eine Position gefunden. Das hilft ihr in dieser Zeit. Sie hat das Für und Wider durchdacht, sortiert, reflektiert. Ebenfalls in der Schule hat sie gelernt, sich im Internet zu informieren. Wie sie mit dem, was sie da findet, sieht, liest, umgehen muss. Darum kann sie die Position der Abtreibungsgegner einigermaßen einordnen, sich im Kopf damit auseinandersetzen.

Sie findet überall im Netz das eine zentrale Argument der Gegner, das alles andere überlagert: Wenn du abtreibst, wirst du nie wieder glücklich werden. Wenn du abtreibst, wirst du es für immer bereuen. Julias Kopf betrachtet die Worte kritisch, denn sie passen nicht zu ihrem Bauchgefühl. »Ja, ich war absolut und bodenlos verzweifelt. Ich habe aus mir heraus entschieden, die Schwangerschaft abzubrechen und das Kind nicht zu behalten. Ich kann das vor mir selbst verantworten. Damals. Und heute. Ich habe irgendwie in dieser Zeit immer sehr darauf vertraut, dass ich trotzdem wieder glücklich werde. Dass es irgendwie weitergeht. Auch wenn ich in dem Moment keine Ahnung hatte, wie. Ich konnte es mir überhaupt nicht vorstellen. Aber ich wusste, es wird wieder besser.« Im Nachhinein betrachtet hat es ihr sehr geholfen, dass sie die Entscheidung ganz allein für sich getroffen hat. Und dass sie es allein durchgezogen hat.

Julias Abitur fällt schlechter aus als erwartet. Ihre letzte Klausur, Englisch, am Tag vor der Abtreibung, lief nicht nach Plan, die hat sie verhauen. Das Ergebnis drückt ihre Durchschnittsnote nach unten – um ein einziges Zehntel. Und genau dieses Zehntel Unterschied bedeutet in ihrem Abiturjahrgang, dass sie in diesem Jahr keinen Studienplatz in Medizin bekommen wird. Als sie das erfährt, ist sie vollkommen gelähmt. »Ich war völlig blank.« Sie kann nicht weitermachen wie geplant, sie kann nicht studieren, jedenfalls nicht das, was sie studieren will, seit Jahren schon. Dabei ist Julia immer diejenige, die alles hinbekommt. Julia ist immer diejenige, die alles schafft. Julia ist immer diejenige, die gute Noten hat und einen Plan vom Leben, jedenfalls vom nächsten Schritt und auch vom übernächsten, diejenige, die keinen Kummer bereitet, bei der es läuft. Sie fällt in ein schwarzes Loch, lenkt sich ab, liest, geht feiern, weiß nicht, wohin mit sich und ihrem Leben, den ganzen Sommer über. Irgendwann zwingt sie sich, aufzustehen und herauszukrabbeln. Julia sucht nach Alternativen, Umwegen zu ihrem Traumberuf: Ärztin.

Verzweiflung ist das Gefühl dieser Zeit vor zehn Jahren, zwischen dem zerrissenen Kondom und dem Herbst ohne Studienplatz. Verzweiflung darüber, was passiert ist. Darüber, dass ihr so was passiert ist. »Wie kann es sein, dass ich schwanger bin, obwohl ich verhütet habe? Obwohl ich ein Kondom benutzt habe, obwohl ich die Pille danach geschluckt habe? Obwohl ich mich an alle Regeln gehalten habe? Wie kann das sein? Wahrscheinlich wird mir in meinem Leben nicht mehr viel passieren, das mich derart aus der Bahn wirft.« Damals hat sie gelernt und funktioniert, strukturiert und Pläne gemalt, irgendwie die Leere überwunden. Kontinuierlich, in kleinen Schritten, nach langer Zeit ist daraus Stabilität gewachsen. »Ich bin da rausgekommen. Das ist für mich das Gute. Und genau das möchte ich meinem früheren Ich gerne sagen. Und allen anderen auch. Man kommt da raus. Man muss nicht für immer unglücklich sein.«

Im Nachhinein ist es Julia unangenehm, wie oft sie beim Erzählen ihrer Geschichte betont, dass sie alles hinbekommen hat. »Vielleicht ist diese von mir vorgetragene Arroganz, oder wie man es nennen möchte, für den Text wichtig. Mir ist es einfach peinlich.« Sie wollte weniger ihre Leistungsfähigkeit in den Vordergrund stellen. Sondern vielmehr die Überraschung über ihren Sturz. Sie wollte das absolute Nicht-vorbereitet-Sein eines unreifen Menschen auf sein Versagen betonen. Im Rahmen des konservativ-gutbürgerlichen Milieus, in dem Julia aufgewachsen ist.

JANINA MÜLLER

**»ICH BIN SO WÜTEND DARÜBER,
DASS UNSERE GESELLSCHAFT
DEN WUNSCH, EINE MUTTER ZU WERDEN,
DEN WUNSCH, EINE MUTTER ZU SEIN,
EINFACH VORAUSSETZT.«**

Janina Müller wählt die Weite. Das freie Feld, Fernblick, klare Nachmittagsluft an einem Samstag im Sommer. Wir gehen spazieren, umrunden eine große Wiese zwischen S-Bahn und Wasser in Ostberlin, hinter uns stehen dürre Bäume, recken ihre Zweige zum Himmel, am Boden schlängeln sich schmale Asphaltwege.

Später sitzen wir auf der Erde, im Gras, die Halme piksen durch den Stoff der dünnen Kleidung. Wir sind allein, die wenigen Spaziergänger weit weg. Janina kreuzt ihre Beine zum Schneidersitz. Sie spricht sehr langsam.

Da ist kein Schmerz, kein Bereuen. Da ist kein Trauma. Da ist nur Wut. Wann immer Janina beginnt, darüber nachzudenken, wird sie wütend. Wütend auf all die Moralapostel, die lautstark ihre Meinung darüber kundtun, warum Schwangerschaftsabbrüche in Deutschland illegal sind und es auch bleiben müssen. Ohne dass sie betroffen sind. Ohne dass sie wissen, wovon sie wirklich sprechen. Janina wird wütend auf Menschen, die meinen, sich darüber einfach so äußern zu dürfen, in der Öffentlichkeit, in Fernsehtalkshows und Zeitungsartikeln. Janina wird wütend darüber, dass unsere Gesellschaft den Wunsch, eine Mutter zu werden, den Wunsch, eine Mutter zu sein, voraussetzt.

Janina wollte noch nie in ihrem Leben Mutter sein. Oder Mutter werden. Sie empfindet so, seit sie ein Teenager war. Mama, Oma, Tante, Freunde, immer wieder sagen sie ihr, ach, warte mal ab, das kommt schon noch, irgendwann willst du eine Familie haben, irgendwann willst du Mutter werden, das kommt schon noch. Aber es kam nie. Janina ist vierzig Jahre alt und jetzt haben die Leute endlich aufgehört, ihr einreden zu wollen, das käme schon noch. Mit zwanzig hat sie es selbst noch geglaubt, der Wunsch, ein Kind zu bekommen, käme schon noch, irgendwann würde sie ihn spüren. Warte du mal ab, bis deine biologische Uhr anfängt zu ticken. Hat sie sich jahrelang angehört. Dann lebt Janina viele Jahre lang in einer Beziehung mit einem Mann, der zeugungsunfähig ist. Anfangs, als es ernst wurde zwischen den beiden, macht sie sich deshalb selbst verrückt – was, wenn jetzt ihre biologische Uhr anfängt zu ticken? Was, wenn der Kinderwunsch jetzt kommt, jetzt wo es nicht möglich ist? Aber die Uhr läuft still, kein aufdringliches Ticken.

»Ich möchte, dass jemand dieses Buch hier aufblättert und darin meine Geschichte liest und sieht: Es ist okay, wenn man das nicht will. Es ist okay, wenn man keine Mutter sein will. Und wenn man ungewollt schwanger wird, gibt es die Möglichkeit zur Abtreibung. Dafür muss man sich nicht schämen. Vielleicht ist man hinterher, nach dem Abbruch, traumatisiert oder sehr traurig oder eben auch nicht. Vielleicht ist man einfach nur erleichtert. Und all das ist dann okay.«

Vor neunzehn Jahren studiert Janina Geografie und Spanisch, arbeitet nebenbei, um sich das Studium zu finanzieren, und wohnt mit ihrem Freund zusammen in Westberlin, er studiert auch. »Wir haben Erwachsensein gespielt.« Sie verhütet mit der Pille, jahrelang geht es gut, nie passiert etwas. Vielleicht hat sie irgendwann mal nicht drauf geachtet, ob sie krank war, ob sie sich übergeben hat, ob sie die tägliche Tablette auch wirklich regelmäßig eingenommen hat. Sie weiß nicht, woran es lag, was es war. Im Februar 2000 bleibt ihre Periode aus, Janinas Körper verändert sich. Ihre Brüste werden schwer und fühlen sich merkwürdig an, extrem empfindlich, eigentlich ist es ihr sofort klar. Sie muss schwanger sein. Und ihr ist sofort klar, dass sie das nicht will. Dass sie nicht in dieser Situation sein möchte. Dass sie nicht schwanger sein möchte. »Es war kein Riesendrama, kein Weltuntergang. Ich war weder verzweifelt noch vollkommen am Boden zerstört. Es war Mist. Ein Problem, um das ich mich jetzt kümmern muss. Ein Problem, mit dem ich mich jetzt auseinandersetzen muss.« Sie spricht mit ihrem Freund, ganz ruhig und unaufgeregt, sachlich, ohne Schnörkel. Er geht zur Apotheke um die Ecke und kauft einen Schwangerschaftstest. Positiv. »Dann hatten wir Gewissheit. Das Erste, was er sagte, war ein seltsamer Satz: ›Ich wusste gar nicht, dass ich das kann.‹ Er studiert Medizin, ist heute Arzt. Ich habe keine Ahnung, wie er auf die Idee kam, er könnte keine Kinder zeugen.«

Janina vereinbart einen Termin bei ihrem Frauenarzt. Für sie war sofort klar, dass sie das Kind nicht kriegt, dass sie die Schwangerschaft abbrechen wird. Ihren Freund fragt sie

nicht, wie er das findet. Er macht auch nicht den Eindruck, als wäre er traurig darüber. Janina handelt, statt stundenlang zu reden. Ihr Frauenarzt ist ein älterer Herr, seine Praxis liegt in der Nachbarschaft. Janina wohnt noch nicht sehr lange in der Gegend und hat bisher zwei-, vielleicht dreimal einen Kontrolltermin bei ihm gehabt. »Ich bin schwanger«, sagt sie ihm. »Und ich möchte es nicht sein.« Er untersucht sie im Ultraschall und bestätigt die Schwangerschaft. Dann druckt er das kleine Ultraschallbild aus auf glitschigem Papier und drückt es Janina in die Hand. Sie sieht das rechteckige Bild, verschwommen, in Schwarz und Weiß und sehr viel Grau. »Es gab darauf wirklich nicht viel zu sehen, ich fand es total seltsam, dass er es mir gegeben hat, wortlos, als würde er das immer so machen, Routine. Was soll ich jetzt damit?«

Der Arzt sagt, er mache das nicht. Er benutzt das Wort nicht, den Begriff, keine Bezeichnung, er sagt nur: »Das.« Dass er das nicht mache. Und gibt Janina die Adresse einer Beratungsstelle, sagt, da müsse sie zuerst einen Termin vereinbaren und dann würde man ihr erklären, wie es weitergeht. Noch am selben Tag ruft sie dort an. Es ist ihr wichtig, dass alles einigermaßen zügig geht. So zügig wie möglich. Wenige Tage später ist ihr Termin, sie sitzt einer mittelalten Frau auf einem Plastikstuhl gegenüber, die Frau ist mittelfreundlich und klopft Janinas Lebenssituation ab. Sie will wissen, ob Janinas Entscheidung feststeht, wiederholt mehrmals, es sei ihr sehr wichtig, dass Janina wisse, wie der Staat sie unterstützen kann als junge Mutter, als junge, studierende Mutter. »Aber ich wollte ja überhaupt keine Mutter sein. Insofern hätte der Staat da nicht so viel machen können.« Janina ist schnell wieder raus, mit unterschriebenem Beratungsschein in der Tasche.

Weil sie studiert, übernimmt ihre Krankenkasse die Kosten der Abtreibung. Das ist eigentlich die blödeste Situation von allen, da sie persönlich zur Krankenkasse gehen muss, um eine Kostenübernahmeerklärung zu besorgen. Hinter dem Tresen sitzt ein junger schnöseliger Typ Mitte zwanzig und erzählt Janina mit Versicherungsvertreterstimme »ja, das können wir schon alles so machen und die Kosten übernehmen und so«, aber sie sei ja offensichtlich völlig falsch versichert. Sie verdiene ja viel zu viel, um familienversichert sein zu können, und da käme ja jetzt aber eine saftige Nachzahlung auf sie zu. »Das war völlig schräg. Da sitzt einer und sagt, ja, einverstanden, wir bezahlen dir die Abtreibung, und im selben Atemzug, du bist falsch krankenversichert und das wird jetzt richtig teuer.« In diesem Moment ist Janinas größte Sorge: Über die Familienversicherung kommt ihre Mutter ins Spiel. Und mit ihr will sie auf keinen Fall über die Schwangerschaft reden. Im Nachhinein hat sich ziemlich schnell alles aufgeklärt, die Kasse hatte einen Fehler gemacht, Janina war richtig versichert. Keine Nachzahlung.

»Lösungsorientiert.« Ja, so fühlt sie sich in diesen Tagen. Janina handelt lösungsorientiert. Es muss alles zügig gehen, sie muss alle Termine abarbeiten, Formulare und Scheine einsammeln, planen, sonst ist es zu spät, sonst kann sie sich nicht mehr selbst entscheiden.

Sie kennt niemanden, von dem sie weiß, dass er abgetrieben hat. Da ist niemand, den sie fragen kann. Also sucht sie im Internet nach Informationen, nach irgendeiner Form von Vorbereitung, Erklärung, Texten darüber, wie ein Abbruch funktioniert, was sie erwartet. Janina googelt, wie das alles so läuft. Und findet: ausschließlich Seiten von Abtreibungsgegnern. Es gibt überhaupt keine Informationen, mit denen sie etwas anfangen kann. Alles, was sie sieht, sind Bilder von blutigen Babys. »Es war verstörend. Ich habe die ganze Situation als mein Versagen empfunden. Die Logik in meinem Kopf war: Es war meine Aufgabe, mich um Verhütung zu kümmern. Es war meine Aufgabe, nicht schwanger zu werden. Und diese Aufgabe habe ich nicht ordentlich erfüllt.« Nach der Onlinerecherche spricht Janina mit einigen engen Freundinnen. Sie erzählt von der Schwangerschaft und davon, dass sie das nicht will. Dass sie abtreiben wird. Eine Freundin erzählt ihr, dass sie vor ein paar Jahren auch schon mal einen Abbruch hatte und wie es abgelaufen ist. Janina ist überrascht, sie hatte keine Ahnung. Es tut ihr gut, dass jemand, den sie sehr gut kennt, eine Abtreibung erlebt hat. Janina fühlt sich weniger allein, weniger außen vor, weniger so, als habe sie einen großen Fehler gemacht. Auch ihre beste Freundin reagiert sehr verständnisvoll, fragt, ob sie helfen kann und was Janina brauche, ob sie mitgehen solle zum Termin oder sich danach um sie kümmern. »Wir waren Anfang zwanzig. Wir hatten nicht so wahnsinnig viel Lebenserfahrung.«

Im Beratungsgespräch hat Janina eine Liste mit mehreren Adressen von Ärzten bekommen, die Schwangerschaftsabbrüche durchführen. Sie wählt die Praxis aus, die am nächsten liegt, die sie am einfachsten erreichen kann. »Das ist mein Glück gewesen: In Berlin hatte ich Auswahl. Ich habe die Liste mit Ärzten problemlos bekommen und konnte mir einen aussuchen.« Freitagmorgens waren alle zur Abtreibung da. Im Wartezimmer sitzen vier, fünf Frauen, sie sprechen so wenig wie nötig und wenn, dann nur in gedämpfter Lautstärke, einsilbig. Eine nach der anderen kommt dran. »Man sah, man ist nicht alleine da. Gut, habe ich gedacht, ich muss mich also nicht schämen, ich bin nicht alleine da. Ich hatte die ganze Zeit über irgendwie das Gefühl, ich hätte mich schämen sollen, wusste aber nicht so richtig, wofür.« Eine junge Frau hat ihren Partner dabei. Als Janina das sieht, fühlt sie sich kurz allein. Für sie ist die Abtreibung zwar ihr Ding, sie hält ihren Freund da raus, insofern ist es okay, allein im Wartezimmer zu sitzen nur eben in diesem Moment nicht.

Die Praxis ist groß, hier arbeiten mehrere Ärzte, die Abläufe sind perfekt durchorganisiert, Routine. Es ist alles genauso lösungsorientiert, wie Janina es gerne haben wollte. Sie ist froh, dass sie nicht noch dreimal jemand gefragt hat, ob sie sich sicher sei, ob sie sich denn auch wirklich nicht doch noch anders entscheiden wolle. »Auch später, im Nachhinein, war genau das das einzig Anstrengende: wenn alle ihr Mitgefühl zeigen wollten. Das brauche ich nicht. Damals nicht und seitdem auch nicht. Für mich war das alles immer völlig klar.« Sie hat eine Vollnarkose, bekommt von der Absaugung selbst nichts mit, anschließend liegt sie eine gute halbe Stunde auf einer schmalen Liege in einem Aufwachraum, dann darf sie aufstehen, nach Hause gehen, alles okay. Janinas Freund hat vorher gefragt, ob er mitkommen muss, sie verneint, sie sagt, es reicht, wenn er sie danach abholt. Sie

steht unten vor dem Haus mit den Praxisräumen auf dem Bürgersteig, es ist kalt. Janina wartet darauf, dass er sie abholt, raucht so lange eine Zigarette. Ihr Kreislauf macht schlapp so kurz nach dem Eingriff, ihr wird schwarz vor Augen, sie beugt sich nach vorn und erbricht sich neben die Bordsteinkante. »Na, das ist ja jetzt passend, habe ich gedacht.«

Sie fühlt sich komisch, durcheinander. Ihre Entscheidung ist klar, war klar, von Anfang an. Trotzdem hat Janina das dumpfe Gefühl, mit ihrer Entscheidung hadern zu müssen. Sie liegt zu Hause auf dem Sofa, im Kopf rattert es, stundenlang, tagelang. Janina wartet auf die Reue oder den Schmerz, auf irgendeine Form der Traumaerfahrung, diffus, unbekannt, aber da muss doch so was sein, so was hochkommen. Janina lauert. Sie horcht in sich hinein. Ob sie traurig ist. »Aber ich war nicht traurig. Ich war irgendwie einfach nur erleichtert.« Der Arzt hat sie für ein paar Tage krankgeschrieben. Danach geht das Leben ganz normal weiter, studieren, arbeiten, Alltag. »Und genau das war für mich vollkommen okay.«

Ihre Beziehung zu ihrem Freund hält nicht mehr lange, ein paar Wochen, wenige Monate. Indirekt hat die Trennung wohl auch mit Janinas Abtreibung zu tun. »Wir waren offenbar nicht besonders gut darin, gemeinsam etwas durchzustehen. Mit Anfang zwanzig hatten wir beide bis dahin keine Herausforderungen, keine großen Krisen meistern müssen, schon gar nicht zusammen. Bis auf diese. Das war die erste schwierige Situation.« Janina weiß, da werden wohl noch einige Krisen kommen in diesem Leben. Und spürt deutlich: nicht mit ihm.

Heute, zwanzig Jahre später, wühlt die Diskussion über §219a Janina auf. Belastet sie. Macht sie wütend. Ihre Stimme klingt dunkler, wenn sie darüber spricht, manche Worte kratzen in ihrer Kehle. »Es macht mich einfach so scheißwütend. Es beginnt bei meinem Gefühl, ich hätte damals allein die Verantwortung getragen, es wäre meine Aufgabe gewesen, zu verhüten, mich um Verhütung zu kümmern, jeden Tag die Pille zu schlucken.« Sie ist auch auf sich selbst wütend, weil sie es damals so gesehen habe. »Weil ich mir eingeredet habe, ich hätte einen Fehler gemacht und müsse jetzt mit den Konsequenzen klarkommen, müsse das Problem lösen, und zwar allein.« Janina versteht die Argumente der Abtreibungsgegner nicht. Sie versteht nicht, wer etwas davon hat, wenn Menschen Kinder kriegen, die in dem Moment kein Kind kriegen wollen. Da hat das Kind nix von, da hat die Gesellschaft nix von. Das fühlt sich dann an wie eine Bestrafung dafür, dass man Sex hatte. Warum ist es die Aufgabe und Verantwortung der Frau? Warum soll sie dann am Ende mit den Konsequenzen leben? Und warum sollen über diese Situation dann Leute entscheiden, die überhaupt nichts damit zu tun haben – mit der Frau, mit ihrem Leben, mit ihrem Körper und mit dem, was sie will? Die überhaupt nicht in dieser Situation sind? »Natürlich dürfen Schwangerschaftsabbrüche nicht als einfache Lösung proklamiert werden. Ein Schwangerschaftsabbruch ist keine einfache Lösung. Ist es für niemanden, ist es auch für mich damals nicht gewesen.« Aber eine schwangere Frau muss sich doch vernünftig informieren können, wenn sie das möchte, wenn sie nicht schwanger sein will und Hilfe sucht. Wenn sie aufgewühlt ist, verwirrt oder verzweifelt. Jedenfalls alleingelassen. Wie soll diese Frau denn sonst so eine Entscheidung treffen?

»Ich möchte § 218 abgeschafft wissen. Ich möchte, dass Ärzte die Frauen informieren. Darüber, was bei einer Abtreibung passiert, wie die medizinischen Abläufe sind, welche Möglichkeiten die Frau hat, was da auf sie zukommt. Ich möchte, dass Ärzte dies erklären. Und nicht irgendwelche grausamen Internetseiten, auf denen jeder schreibt, was er will, und das dann mit blutigen Bildern ausmalt. Das nützt niemandem.« Zumal Janina keine Studien kennt, die darauf hinweisen, dass die Zahl der Schwangerschaftsabbrüche steigt, wenn diese legal und leicht zugänglich werden. »Das ist ja auch überhaupt nicht zu erwarten. Wie absurd. Niemand, wirklich niemand macht das aus Jux und Dollerei. Wer verhindern will, dass Frauen abtreiben, muss Verhütung gratis anbieten und die Männer in die Pflicht nehmen.« Denn es sei noch keine Frau so ganz ohne Mann schwanger geworden.

Vor zwei Tagen hat Janina eine Freundin besucht, die vor zwei Wochen ihr zweites Kind zur Welt gebracht hat. Sie verbringt unheimlich gern Zeit mit dieser Freundin und mit den Kindern. Es fasziniert Janina, wie winzig klein ein Mensch sein kann. Aber sie selbst will keine Kinder haben. Nein, immer noch nicht. Sie will keine Mutter sein. Janina wollte noch nie Mutter sein. Ja, wahrscheinlich wollen viele Frauen – die meisten – irgendwann in ihrem Leben mal Kinder haben. Aber eben nicht alle. Und das ist auch okay. »Das möchte ich allen Frauen sagen, die immer wieder gefragt werden – Und? Wann ist es bei euch so weit? Nein, man muss das nicht wollen. Wenn man das nicht in sich spürt, dann ist man kein Freak. Man darf auch einfach keine Kinder wollen. Es ist okay, keine Mutter sein zu wollen.«

Janina ist wütend. Auf die Gesellschaft und die immer wieder wiederholten Fragen. Auf die Paragrafen im Strafgesetzbuch und auf ihre eigenen Erwartungen. Ihre eigenen Gedanken, damals, als junge Frau Anfang zwanzig. Sie ist wütend auf ihr eigenes Horchen, auf das Suchen nach Reue, Bereuen. Und auf das komische Gefühl, als sie das Erwartete nicht finden konnte, nicht empfand. Janina sitzt auf der Sommerwiese und weint. Leise Wuttränen. Vor einem Jahr hat sie sich von ihrem Freund getrennt. Wenige Tage später erfährt sie, dass sie Brustkrebs hat. Die Erkrankung gibt ihr Zeit, über vieles nachzudenken. Über das Frausein, über Kinderwünsche und über ihren Schwangerschaftsabbruch. »Heute fragt mich endlich keiner mehr, ob ich denn nicht doch noch irgendwann Kinder bekommen möchte.«

VERENA K.

»MANCHMAL IST MAN DIE BESTE MUTTER, INDEM MAN KEINE WIRD.«

Verenas Augen leuchten, als wir an einem Samstagnachmittag im Sommer in ihrer Wohnung in München-Pasing sitzen, um ihre Geschichte zu hören. Sie hat Muffins mit Äpfeln gebacken; im Nebenraum flitzen ihre Rennmäuse im Käfig hin und her. Das Fenster ist gekippt, irgendwo läuten Kirchenglocken. Als Verena beginnt, von ihrer Abtreibung zu erzählen, spricht sie mit ruhiger Stimme, untermalt ihre Worte mit Gesten.

»Es war im März 2016. Ich hatte gerade meine Ausbildung zur anästhesietechnischen Assistentin abgeschlossen. Narkoseschwester. Zur Belohnung wollte ich im Frühling vier Wochen in den Urlaub fliegen und mein ›Tantchen‹ besuchen, die in Kenia lebt.«

Zu diesem Zeitpunkt ist Verena seit zweieinhalb Jahren mit ihrem damaligen Freund zusammen. Die beiden haben sich bei der Arbeit kennengelernt. Ihre Beziehung ist daher nicht offiziell, nur einige enge Freunde wissen Bescheid.

»Damals habe ich gedacht, er sei meine große Liebe. Heute sehe ich, dass er ein manipulativer und böser Mensch ist.« Immer wieder hört Verena Gerüchte über seine Affären mit anderen Frauen. Doch wenn sie ihn darauf anspricht, erwidert er nur, sie sei paranoid. Und wahnsinnig. »Ich habe mir das alles gefallen lassen, dieses On und Off in der Beziehung, das halbherzige Versteckspiel, all die Ungereimtheiten. Ich habe damals nicht gewusst, dass es Männer gibt, bei denen das nicht so ist.« Anfang 2016 kriselt es erneut zwischen den beiden. Verena hält dennoch an der Beziehung fest, an ihm, an ihren Gefühlen. »Wir waren schon so lange zusammen, zweieinhalb Jahre. Das war für mich eine lange Zeit. Meine Eltern sind ein Paar, seit meine Mama fünfzehn ist. Daher war es auch mein Traum, in jungen Jahren einen Partner kennenzulernen.«

Am 20. März ist Verenas Geburtstag. Ein Sonntag. Sie wird 22 Jahre alt. Am Vorabend feiert sie mit Freunden hinein und trinkt zu viel, am nächsten Tag ist sie mit ihren Eltern, ihrer Tante und ihrem Onkel zum Geburtstagsessen verabredet.

»Alle haben auf mich angestoßen. Aber ich war noch furchtbar verkatert. Mir war so unglaublich schlecht. Ich saß nur da und habe Fencheltee getrunken. Dann habe ich erst einmal ordentlich gegessen, den Kater überwunden. Doch mir war immer noch kotzübel. Ich dachte, bestimmt eine blöde Magen-Darm-Sache, die ich mir irgendwo eingefangen habe.« Verena wartet außerdem auf ihre Periode, die in diesen Tagen beginnen soll.

»Am nächsten Morgen war meine Periode noch immer nicht da. Und schlecht war mir auch noch. Da wusste ich sofort, es ist irgendwas. Ich habe es klar gespürt, bin ganz nervös geworden im Bauch und hibbelig im Kopf. Irgendwas war anders, irgendwas war da.«

Da Verena an diesem Montag erst nachmittags zur Arbeit muss, läuft sie sofort zum Drogeriemarkt und kauft einen Schwangerschaftstest. Wieder zu Hause, macht sie den Test.

Das Ergebnis: positiv. Sie läuft gleich wieder los, noch einmal zum Drogeriemarkt, holt einen weiteren Test. Positiv. Und noch einen. Positiv. Insgesamt macht Verena sechs oder sieben Schwangerschaftstests. Alle positiv.

Aufgewühlt ruft sie noch am Vormittag ihren Freund an. Der hebt sofort ab, er weiß, dass irgendetwas los ist, wenn sie ihn tagsüber in der Arbeit anklingelt. Sie erzählt ihm von den vielen positiven Tests, ihrem Verdacht, schwanger zu sein. Doch er ist kurz angebunden, meint, das könne überhaupt nicht sein, sie solle einfach noch einen Test machen. Am Nachmittag sähen sie sich ohnehin in der Arbeit.

Verena ist nach diesem Telefonat völlig aufgelöst. Panisch. »Ich bin wie ein Tier im Käfig in meiner winzig kleinen Wohnung auf- und abgelaufen. Was war das denn für eine Antwort? ›Das kann nicht sein.‹ Ich wusste ja selbst, dass es kaum sein konnte – wir hatten schließlich immer verhütet. Wie viele Tests sollte ich denn noch machen? Was, wenn sie doch alle stimmten? Wenn ich wirklich schwanger bin? Ich war komplett durcheinander. Warum war er nicht da? Warum war keiner da? Warum waren diese scheiß Tests alle positiv?«

Doch irgendwie sammelt Verena ihren Irrsinn, die Panik im Bauch, und schleppt sich nachmittags zur Arbeit ins Krankenhaus. Wie in Trance erledigt sie, was zu erledigen ist. Verena versucht, die vielen Gedanken, die ihr durch den Kopf schießen, zu ignorieren. Und ihr Bauchgefühl. In ihrem Kopf hämmert es. Sie spürt Panik und Verwirrung. Verzweiflung. Und Freude. Über allem aber steht die Frage: Was soll denn jetzt werden?

Am Abend auf dem Heimweg kauft sie drei weitere Schwangerschaftstests in einer Notapotheke. Einer davon ist negativ. Verena ist erleichtert. »Yeeeesssss! Ein negativer Test – ich bin NICHT schwanger!« Sie lässt den Test über Nacht liegen, doch am nächsten Morgen, einem Dienstag, ist auch dieser positiv. Sofort meldet sich Verena krank. Man macht keine Narkosen, wenn man so durcheinander ist.

»Im Nachhinein war es völlig bekloppt, dass ich montags noch bei der Arbeit war«, sagt sie heute. »Aber ich habe in diesem Moment viele unüberlegte Dinge getan. Zu Hause ist mir die Decke auf den Kopf gefallen. Ich wollte unbedingt mit einem vertrauten Menschen sprechen, es musste einfach irgendwie raus, und zwar schnell. Ich musste es loswerden! Vor allem wollte ich so sehr von irgendjemandem gesagt bekommen, dass alles gut wird. Daher habe ich meine Mama in der Arbeit angerufen und sie gefragt, ob ich bei ihr im Büro vorbeikommen kann. Man wünscht sich ja immer, dass einem die eigene Mutter sagt: ›Alles wird gut.‹ Also bin ich zu ihr ins Büro gefahren. Aber das war total rücksichtslos von mir, mitten am Arbeitstag. Wie sollte sie denn irgendwie klar denken und ihren Tag zu Ende bringen, wenn ihre Tochter mitten am Vormittag daherkommt und sagt: ›Mama ich bin schwanger.‹? Es tut mir bis heute leid, dass ich in dem Moment so unüberlegt gehandelt habe. Ich hätte das wirklich schöner machen können, ruhiger, besonnener.«

Bei ihrer Mutter im Büro suchen die beiden Frauen einen ruhigen Ort, um zu sprechen. Sie finden einen leeren Seminarraum, in den sie sich zurückziehen. Verena ist immer noch schlecht. Im Kopf sucht sie nach den richtigen Worten und spürt die Übelkeit herankriechen. Sie würgt und übergibt sich in einen Büromülleimer aus blauem Plastik, der neben der Tür steht.

Ihre Mutter sieht sie an und weiß sofort Bescheid: »Du bist schwanger, oder?«

»Ja.«

»Für meine Mama war direkt klar, dass es überhaupt keine Option ist, dass ich, ihre Tochter, jetzt ein Kind bekomme. Nein, wirklich nicht! Mit 22 und dann auch noch von diesem Mann! Mein damaliger Freund war ein absolut rotes Tuch für meine Mama. Sie ist ihm nur ein paarmal persönlich begegnet. Aber ihr war lange vor mir klar, dass diese Beziehung völlig instabil und toxisch ist. ›Der Typ wird es nicht auf die Reihe bekommen, eine Familie zu haben‹, hat sie gesagt. Und damit hatte sie vollkommen recht.«

Dieses entschiedene »Bloß nicht!« der Mutter beruhigt Verena für den Moment. Es schafft Klarheit. Und eine Perspektive darauf, was jetzt zu tun ist. »Es tat gut zu wissen, dass ich jetzt irgendetwas unternehmen muss, mich kümmern.«

Verenas Mutter fragt, ob sie denn schon beim Arzt war. »Nein.« – »Dann mach dir gleich einen Termin beim Gynäkologen.« – »Und der Papa? Ich traue mich nicht, es ihm zu sagen. Der wird fuchsteufelswild. Ich bringe das nicht fertig.« – »Okay, ich rede mit ihm«, verspricht die Mutter.

Nach dem Besuch bei der Mutter ruft Verena sofort ihre Frauenärztin an, sagt, sie habe mehrere Schwangerschaftstests gemacht, die positiv seien. Sie bittet um einen Untersuchungstermin. Die Sprechstundenhilfe fragt, wann ihre

letzte Periode eingesetzt hat. Da diese jedoch nicht lange genug zurückliegt, muss Verena noch mindestens zwei Wochen mit ihrem Termin warten, da die Ärztin im Ultraschall sonst nichts sehen kann. Vor Verena liegt eine quälend lange Zeit des Wartens.

Sie weiß, dass sie vor einem möglichen Schwangerschaftsabbruch zur Beratung muss. Sie ist gut informiert, schon von Berufs wegen. Sie ruft bei Pro Familia an und vereinbart einen Beratungstermin, noch bevor sie überhaupt beim Arzt war. Gleich in der Woche nach ihrem Geburtstag bekommt sie einen Termin. »Ich habe den Termin einfach sofort gemacht. Ich wollte den Wisch so schnell wie möglich haben. Auch, weil ich wenige Tage später nach Kenia wollte.«

Die Beratungsstelle, die Verena auswählt, liegt in Fürstenfeldbruck, einer kleinen Stadt knapp 20 Kilometer westlich von München in einem schlichten Wohnhaus. Draußen ist es eiskalt. Verena steht vor der Tür, klingelt, doch nichts passiert. Sie wartet eine Viertelstunde. Komisch – bei der Terminvereinbarung hatte man sie doch gebeten, pünktlich zu klingeln. Ob noch jemand kommt? Ob noch irgendetwas passiert? Irgendwann klingelt sie erneut, und endlich öffnet jemand. Eine Frau, ohne Begründung, warum es so lange gedauert hat. »Damals war ich noch nicht so erwachsen, um zu fragen, was das denn soll. Ich habe mir da draußen fast den Arsch abgefroren«, erinnert sich Verena.

Während des Gespräches bei Pro Familia muss Verena sich eine Dreiviertelstunde lang rechtfertigen. Warum sie die Schwangerschaft abbrechen wolle. Die Frau fragt immer wieder, ob sie sich wirklich sicher sei. Über medizinische Details des möglichen Eingriffs spricht sie nicht. Der Termin bringt Verena überhaupt nicht weiter, kein bisschen. Am Ende gibt die Frau ihr den Beratungsschein. Verena nimmt sich zwei Broschüren aus dem Regal. Die eine trägt den Titel »Schwangerschaftsabbruch«, die andere heißt »Alleinerziehen in Bayern«. Zumindest hier findet Verena im Nachhinein Antworten auf viele ihrer Fragen. Wer unterstützt Alleinerziehende? An wen kann ich mich wenden? Wie bekomme ich finanzielle Unterstützung? Und Kinderbetreuung? Und: Wie läuft ein Schwangerschaftsabbruch? Wer trägt die Kosten? Welche Fristen gilt es einzuhalten?

Weitere Informationen zu Ärzten, die Schwangerschaftsabbrüche durchführen, bekommt Verena bei Pro Familia jedoch nicht. Keine Ansprechpartner – keine Adressen. Rückblickend eine zusätzliche Belastung: »Ich habe mich nicht wirklich beraten gefühlt, wusste, dass ich mich um alles Weitere alleine kümmern muss. Doch das ist nicht so einfach. Wenn man ›Brustvergrößerungen in München‹ googelt, bekommt man sofort eine Menge Adressen – wenn man nach ›Schwangerschaftsabbrüche‹ sucht, jedoch nicht.«

Noch bevor Verena für sich entschieden hat, wie es nun weitergehen soll, macht sie sich schlau, fasst bereits eine Frauenklinik in der Nähe ihrer Eltern für einen möglichen Abbruch ins Auge. Sollte sie sich tatsächlich dafür entscheiden, wäre es gut, wenn ihre Eltern sie nach dem Eingriff abholen könnten. Sie ruft in der Klinik an und bekommt drei Telefonnummern von Ärzten genannt, an die sie sich wenden kann. Am Ende wählt sie den Arzt mit dem sympathischsten Vornamen aus. Seine Praxis liegt ganz in der Nähe ihrer kleinen Wohnung, nur vier Minuten Fußmarsch entfernt. Auch bei ihm vereinbart sie für die kommende Woche einen Termin.

In der Zwischenzeit kämpft Verena immer wieder mit starken Krämpfen im Bauch, krümmt sich vor Schmerzen. Einmal fährt sie mitten in der Nacht in die Notaufnahme der Münchner Frauenklinik. Es besteht der Verdacht auf eine Eileiterschwangerschaft. Der HCG-Wert in Verenas Blut ist sehr hoch, ein klares Anzeichen für eine Schwangerschaft, aber im Ultraschall der Gebärmutter ist nie etwas zu sehen.

»Die Ärzte wussten nicht so recht, was sie mit mir machen sollten. Es war klar, ich bin schwanger, aber die Frage war, wo. In der Klinik selbst habe ich aber niemandem gesagt, dass sie vielleicht gerade mitten in der Nacht ihre Zeit mit einer verschwenden, die sich gar nicht sicher ist, ob sie das Kind überhaupt bekommen will.«

Verena hat in dieser aufwühlenden Zeit keine Ahnung, was sie eigentlich will. Sie spürt nicht, was sie braucht. Jetzt und später. Wie sie das alles finden soll. Wie es weitergehen kann. Was sie tun, mit wem sie reden soll. Sie erzählt nur wenigen Menschen von ihrer Schwangerschaft. Zugleich räumt sie den Stimmen aus ihrem engsten Umfeld großen Raum ein: »Ich habe damals mehr auf die Meinungen von außen gehört, anstatt dem nachzuspüren, was in mir ist.«

Ihr damaliger Freund sagt: »Es geht überhaupt nicht, dass wir jetzt ein Kind bekommen! Wie soll das denn bitte werden? Sollen wir etwa zusammenziehen? Und dann in dieser unmöglichen Beziehung leben, du und ich, mit einem Kind?« Er räumt zwar immer wieder ein, dass Verena das am Ende selbst entscheiden muss, dass es ihr Körper, ihre Wahl ist. Genauso schnell rutscht er aber ins andere Extrem, droht mit Selbstmord, sollte Verena das Kind behalten.

Eine Woche nach Verenas Geburtstag, es ist Ostersonntag, schickt Verena ihrer Mutter eine SMS, schreibt, wie schlecht es ihr bei dem Gedanken geht, die Schwangerschaft abzubrechen. Und dass sie nicht weiß, ob sie das wirklich schafft. Kurz darauf die Reaktion. Allerdings nicht von Verenas Mutter, sondern ein Anruf von ihrem Vater: Er schimpft mit lauter Stimme ins Telefon: Er habe jetzt sein eigenes Leben, er unterstütze seine Kinder nicht noch weiter. Jetzt, wo alle endlich aus dem Haus seien. »Diese Schwangerschaft wird abgebrochen! Host mi? Kommst nachher zum Essen vorbei, ge? Bist rechtzeitig do.« Dann legt er auf. Es sollte das einzige Mal sein, dass Verena mit ihrem Vater über die Schwangerschaft spricht.

Verena weint sehr viel in dieser Zeit. Sie hat große Angst vor dem Urteil anderer.

»Was denken die Leute über mich, wenn ich, 22, unverheiratet und alleinerziehend bin? Und was denken die Leute, wenn ich die Schwangerschaft abbreche? Da war es wieder. Das Außen. Meine Eltern. Zu wissen, dass meine Eltern überhaupt nicht einverstanden sind, wenn ich jetzt ein Kind bekomme. Es war total absurd, weil man sich mit Anfang 20 ja nicht von Mama und Papa sagen lassen muss, was man zu tun hat. Aber ich glaube, man geht ganz anders in eine Schwangerschaft, wenn man weiß, dass die eigenen Eltern voll und ganz hinter einem stehen. Wenn man die volle Unterstützung der Familie hat.«

Währenddessen rückt die lang geplante Kenia-Reise mit jedem Tag näher. Nur noch eine Woche bis zum Abflug. Verena überlegt kurz, alles abzusagen, entscheidet dann aber doch: »Ich fliege.« Sie sehnt sich nach Abstand von zu Hause, von ihrem Freund, von den Eltern, von ihrer kleinen Wohnung mit all den positiven Schwangerschaftstests, von den Arztterminen. Außerdem hat sie bereits vor Langem Urlaub eingereicht und die Reise bezahlt. Flucht. Weg.

Am Tag vor ihrem Abflug hat sie noch einmal einen Untersuchungstermin bei ihrem Gynäkologen. Zum ersten Mal ist Verenas Schwangerschaft im Ultraschall zu sehen. »Herzlichen Glückwunsch«, sagt der Arzt, »Sie sind in der Gebärmutter schwanger!«

»Und jetzt? Ich fliege morgen nach Kenia.« – »Aber das sei doch gar kein Problem«, meint der Arzt. Verena solle die Malariaprophylaxe weglassen, nichts von der Straße essen und sich einen schönen Urlaub machen. Im ersten Moment ist Verena erleichtert. Endlich ist der Verdacht auf eine Eileiterschwangerschaft aus der Welt. »Immerhin wusste ich jetzt, dass mir nicht unterwegs im Flugzeug die Eileitern platzen«, erinnert sich Verena lachend. Vor ihr liegt ein Monat, in dem ohnehin nichts passiert. Nichts zu regeln ist. Bedenkzeit. Ganz weit weg. Am nächsten Tag fährt ihr damaliger Freund sie zum Flughafen und winkt zum Abschied.

Vier Wochen in eine andere Realität. In der es Verena genießt, schwanger zu sein. Während des Urlaubs zeigt sich bei ihr die ganze Symptomatik einer Schwangerschaft.

Verena muss sich jeden Morgen mehrfach übergeben, sie ist kurzatmig, kann kaum ein Stockwerk Treppen steigen, ohne nach Luft zu schnappen.

Aber irgendwie ist alles gar nicht so schlimm. Verena ist glücklich, sie fühlt sich frei, unbeschwert. Trotz der Zweifel und der Ungewissheit. Sie spricht sehr viel mit ihrer Tante über die Schwangerschaft. Und über ihre Ratlosigkeit. Auch mit ihrer besten Freundin, die zu diesem Zeitpunkt in Guatemala ist, telefoniert Verena oft. Gespräche darüber, was richtig und was falsch sein könnte. Was sie machen soll, wenn sie nach Hause zurückkommt.

»In dieser Zeit habe ich gemerkt, wie unsicher ich eigentlich in meiner Entscheidung war, die Schwangerschaft abzubrechen oder eben nicht. Es war, als lägen zwei Zeitlinien vor mir, auf die ich geschaut habe. Wie zwei Filme, die zwei verschiedene Geschichten erzählen, zwei unterschiedliche Lebensverläufe. Auf der einen Zeitlinie hatte ich ein Kind und war alleinerziehende Mama. Auf der anderen war ich DIE Frau, die eine Schwangerschaft abgebrochen hat. DIE Frau, die abgetrieben hat.

Erst während meiner Rückreise habe ich begriffen, dass dieses Gefühl, diese Freiheit in Kenia, die Wärme, die Sorglosigkeit nicht meine wirkliche Welt war. Ich realisierte, dass ich in Kenia in einer völlig anderen Realität gelebt habe. Doch jetzt kam ich in mein eigentliches Leben zurück, in dem die Dinge anders waren.«

Kurz vor dem Landeanflug auf München trifft Verena ihre Entscheidung. »Ich wusste plötzlich ganz genau, ganz klar: Meine Schwangerschaft hat jetzt ein Ende.«

Verenas Vater holt sie am Flughafen ab. Die beiden fahren schweigend über die Autobahn. Die Stille schmerzt. Verena fühlt sich allein, bedrückt, obwohl sie wieder zu Hause ist. Und eigentlich ist sie unheimlich gern zu Hause.

Noch vor ihrer Abreise hat sie für den Nachmittag ihrer Rückkehr einen Termin bei dem Gynäkologen gemacht, der Abtreibungen durchführt. Der Arzt mit dem schönen Vornamen. Verenas Freund begleitet sie dorthin. »Damals dachte ich, er möchte mir zur Seite stehen. Heute weiß ich, dass er einfach nur sichergehen wollte, dass sich das Thema bald erledigt«, erzählt Verena rückblickend.

Im Ultraschall ist so weit alles okay, die Schwangerschaft verläuft gut. Verena schießen die Tränen in die Augen, als sie das erste Mal den Herzschlag ihres Babys hört: »Es hat sich ganz schön schwer angefühlt in der Magengrube. Zu wissen, eigentlich wäre jetzt alles in Ordnung. Die ganze Angst, die ich am Anfang wegen der möglichen Eileiterschwangerschaft hatte. Grundlos. Und jetzt hatte ich mich entschieden, dass ich es nicht bekommen kann.«

Verena sagt dem Arzt, dass sie das Kind nicht behalten möchte. »Schade«, antwortet er. Seine Reaktion kommt wirklich von Herzen, das spürt Verena in diesem Moment deutlich. »Aber er hat mir geholfen. Er hat mir erklärt, wie der Eingriff verlaufen wird, die nächsten Schritte, über die ich als Narkoseschwester eigentlich ohnehin Bescheid wusste. Ich war seine Patientin. Ich hatte ein Anliegen, und er hat mir geholfen. Er hat mich untersucht und medizinisch aufgeklärt. Obwohl er es schade fand.«

Am Vortag des OP-Termins geht Verena zur Narkoseaufklärung ins Krankenhaus. Eine sehr empathische Anästhesistin bespricht alle Details mit ihr. »Ich hätte ihr am liebsten gesagt: ›Komm, gib mir den Wisch, ich unterschreibe.‹«

Am Ende fragt die Anästhesistin Verena vorsichtig, warum sie die Schwangerschaft abbrechen wolle. Verena erklärt ihr, dass keiner hinter ihr stehe. Wirklich niemand. Dass ihre Beziehung alles andere als intakt sei. Und dass sie das alleine einfach nicht schaffe. Die Ärztin reagiert einfühlsam und verständnisvoll. Sie erzählt, sie habe selbst drei Kinder. Aber sie könne Verena sehr gut verstehen, ihre Entscheidung nachvollziehen. Sie würde in diesem Fall wohl genauso handeln. Für Verena eine große Erleichterung: »Das tat so gut in dem Moment! Zu spüren, dass da jemand ist, der mich versteht. Dass da jemand ist, der kapiert, wie ich mich fühle.«

Am Abend, zwölf Stunden vor der Operation, muss Verena die Tablette schlucken. Sie steht zu Hause in ihrem Badezimmer vor dem Spiegel, das Wasserglas neben sich auf dem Waschbecken, die kreisrunde Tablette in der Hand. Und bekommt sie nicht hinunter. Es geht einfach nicht. Sie ruft ihren Freund an. Sagt, er solle vorbeikommen, sie schaffe das nicht. »Wissen Sie«, hatte die nette Anästhesistin nachmittags noch gesagt, »wenn Sie die Tablette heute Abend nicht nehmen und morgen nicht auftauchen, dann ist es eben so.« – »Sie hat mir noch diesen Raum gelassen. Freiraum, um es mir noch mal anders zu überlegen. Bis zu dem Moment, in dem ich die Tablette nehme. Ich habe total geheult, dachte, ich kann das nicht, ich schaff das nicht.«

In der Zwischenzeit ist auch Verenas Freund bei ihr. Er sagt zwar, es sei letztlich ihre Entscheidung. Indirekt setzt er sie aber erneut unter Druck. »Damals, in der Situation, habe ich das nicht so gesehen, ich dachte, er überlässt mir die Wahl. Aber im Nachhinein muss ich sagen, dass es nicht so war.« Irgendwann schluckt Verena die Tablette doch hinunter. Es ist zehn Uhr abends.

Am nächsten Morgen geht Verena mit Bauchschmerzen in die Klinik. Die Aufnahme dort ist holprig, die Krankenschwester pflaumt sie an. Verena solle sich ausziehen. Sie bekommt einen Kittel, die Krankenschwester fährt sie nach unten zum OP. Es ist kalt, Verena weint. »Was gibt es denn da zu weinen? Es war doch Ihre Entscheidung!«, schnauzt die Krankenschwester.

Im OP angekommen, strahlt sie ihre Kollegin an und sagt übertrieben fröhlich: »Was für ein glücklicher Tag! Heute vor 30 Jahren wurde mein Sohn geboren. Er ist das größte Glück in meinem Leben.« Verena kann nicht aufhören zu weinen. Sie friert, hat Angst. Sie weiß zwar, was jetzt passiert, kennt die Abläufe, allerdings aus der Perspektive der Narkoseschwester. »Das war wirklich, wirklich schlimm. Ich habe mich unendlich allein gefühlt. Niemand war mehr da, niemand war auf meiner Seite. Nicht mal ich selbst war mehr auf meiner Seite. Weil ich entschieden hatte abzutreiben.«

Verena möchte vor der Operation keine Beruhigungsmittel, das hat sie der Anästhesistin am Vortag extra gesagt. Doch diese hat heute dienstfrei. Der zuständige Pfleger legt ihr einen Zugang auf dem Handrücken. »Ich dachte noch, das ist bestimmt nur ein bisschen Kochsalzlösung, um die

Nadel durchzuspülen. Kurz darauf wurde mir aber kotzübel. Und schwindelig. Ich hab Sternchen und Blumen gesehen und wusste, jetzt haben sie mir gegen meinen Willen Dormicum gegeben. Ich habe mich total überrumpelt gefühlt, war wütend, weil der Typ meine Bitte ignoriert hatte, weil hier anscheinend völlig egal war, was ich sage, worum ich bitte, was ich möchte. Meine Entscheidung. Ich sollte aufstehen und selbst rüber zum OP-Tisch laufen, fünf Meter, aber meine Beine gehörten schon nicht mehr zu mir, ich konnte sie nicht heben. Niemand hat mir Bescheid gesagt, als es losging. Ich war einfach sofort weg.

Als ich wieder aufgewacht bin, habe ich einfach nur geweint. Immer noch. Oder schon wieder. Mein Baby war weg. Und nichts auf der ganzen Welt konnte es mir wieder zurückbringen. Ab jetzt war alles nur noch ›hätte‹. Konjunktiv. Ich war noch nie so einsam wie in diesem Moment. Mit meiner Entscheidung. Mit dieser Leere.«

Ein anderer Pfleger räumt herum, kümmert sich. Auch er fragt, warum Verena weine. »Weil mein Baby weg ist«, antwortet sie. »Aber das hast du dir doch so ausgesucht«, entgegnet er. »Solche Sätze machen es einem richtig schwer, so was zu verarbeiten.« Verena erhebt ihre Stimme, als sie weiterspricht. Kraftvoll, laut, empört. »Wenn man als Krankenhauspersonal schon nichts Nettes, nichts Aufmunterndes zu sagen hat, dann kann man doch wenigstens die Klappe halten. Einfach nichts sagen. Oder eben nicht in einer Klinik arbeiten, in der Schwangerschaftsabbrüche durchgeführt werden, wenn man mit dem Thema nicht klarkommt. Ich habe mich total alleingelassen gefühlt mit meiner Trauer. Jeder sagt einem, man hätte es ja selbst so entschieden. Und man selbst weiß: Ja, es war meine Entscheidung. Aber man trauert doch trotzdem. Genau wie eine Frau, die ihr Kind verloren hat, trauere ich – plus: ich fühle die Schuld. Aber ich hatte das Gefühl, nicht trauern zu dürfen, da es ja meine freie Wahl war – da ich mich gegen die Schwangerschaft, gegen das Kind, entschieden habe. Das hat meinen eigenen Trauerprozess unheimlich behindert. Aber man muss fühlen dürfen, um alles zu verarbeiten. Doch genau das habe ich mir lange nicht erlaubt.«

Verena braucht sehr lange, um über die Abtreibung hinwegzukommen. Es dauert fast drei Jahre, bis sie sagt: »Ich bin mit mir im Reinen. Diese Entscheidung war die bessere.«

Manchmal stellt Verena sich heute vor, sie hätte ein zweieinhalbjähriges Kind an der Hand. Sie fragt sich, wie es wohl aussehen würde. Wäre es lustig? Wäre es brav? Aber für Verena ist klar: Es ist besser, dass es nicht so ist.

Verena hat das Erlebte in den vergangenen Monaten mit einer Therapeutin aufgearbeitet. Und auch das Teilen mit Freunden hilft. »Durch Reden wird es leichter, es wird irgendwie normaler. Ich habe gemerkt, dass meine Freunde mich nicht verurteilen deswegen. Dass sie mich nicht als ›Mörderin‹ sehen.«

Heute fühlt sich Verena mutig, wenn sie über ihre Abtreibung erzählt. Da sie sich traut, ein Tabuthema anzusprechen. Keine Angst mehr hat vor dem Urteil anderer. »Selbst wenn sich danach jemand von mir abwenden würde, was bei mir nicht der Fall war, dann wäre das eben so. Dann wäre derjenige es einfach nicht wert.«

Eine enge Freundin von Verena hat inzwischen einen kleinen Sohn bekommen. »Die haben sich riesig über ihre Schwangerschaft gefreut! Ich hätte das damals auch so gern erlebt. Die Periode bleibt aus, der Schwangerschaftstest ist positiv, man freut sich total. Aber bei mir war es eben anders. Obwohl ich heute kein Kind habe, war ich, bin ich eine gute Mutter. Weil ich kein Kind habe, das einen Vater hat, der es gar nicht haben wollte. Manchmal ist man die beste Mutter, indem man keine wird. Das war bei mir eben der Fall.«

CHRISTINA KUNKEL

»ICH HABE MIR ALLES ERGOOGELT. RECHERCHE IST MEIN JOB, DAS MACHE ICH JEDEN TAG. ABER WAS MACHT EINE FRAU, DIE ÜBERHAUPT KEINE AHNUNG DAVON HAT?«

München an einem Sonntagmorgen. Ende Juli. Nachts hat es geregnet, die Luft ist feucht, die Straßen leer, niemand fährt U-Bahn. Christinas Wohnung liegt in einem ruhigen Teil der Stadt, hier sind die Straßen schmal, links und rechts getupft mit Einfamilienhäusern, renovierten Mittelaltbauten, kleinen Gärten und praktischen Autos, nicht zu groß und nicht zu klein, dennoch elegant, hochwertiger als im Norden der Republik.

Es ist erst wenige Monate her, dass Christina herkam, nach München, raus und weg aus der Heimat. Sie arbeitet hier als Journalistin für eine große Zeitung, ihr absoluter Traumjob, ihre Augen leuchten, wenn sie davon erzählt. Wir sitzen auf ihrem Sofa, IKEA, man versinkt darin, fühlt sich geborgen. Sie blickt geradeaus auf das bodentiefe Fenster, hinter den hellgrauen Vorhängen schimmert es grün.

Christina spricht mit leiser Stimme, still und souverän, eine Frau, die weiß, was sie will, und genau das dabei, unterwegs, manchmal vergisst. Als zucke sie zurück. Dann blickt sie erstaunt auf den eigenen Mut.

»Ich hatte eine sehr lange Beziehung, zum Schluss als Ehe. Eines Tages hat er sich von mir getrennt. Einfach so.

Von heute auf morgen. Vier oder fünf Monate später war ich schwanger.«

Das Jahr ist neu, es ist der 5. Januar 2018. Christina ist krank, sie hat starke Schmerzen, Blasenentzündung, die hat sie oft in letzter Zeit. Sie ruft ihren Hausarzt an, vereinbart einen Termin, will sich ein Antibiotikum besorgen. Das Rezept in Händen, spürt sie auf einmal ein komisches Gefühl, irgendwie, unbekannt, aber stark, Hemmschwelle, eine große Hürde. Irgendwas ist da.

Instinkt.

Sie will das Medikament nicht nehmen, ohne vorher einen Schwangerschaftstest zu machen. In der Apotheke besorgt sich Christina beides, Antibiotikum und Schwangerschaftstest. Auch wenn es dafür eigentlich gar keinen Anlass gibt. Seit Jahren verhütet sie mit der Pille, vor drei Monaten hat sie das Präparat gewechselt. Sie war auf der Suche nach einer Alternative mit niedriger dosiertem Hormon. »Sechzehn Jahre lang ist nichts passiert, dann stelle ich um.« Christina macht eine lange Pause, als würde sie mitten im Satz die Luft anhalten. »So. Und dann. Schwanger. Es war total verrückt.«

Sie ist 32 Jahre alt. Seit der Trennung von ihrem Mann wohnt sie wieder bei ihren Eltern, zurück nach Hause, in ihre alte Einliegerwohnung. Dort macht sie den Test, allein, im Badezimmer. Mit dem positiven Teststreifen in der Hand ist da nur ein Gedanke, ein einziger: furchtbar.

In dieser Zeit ist Christina ohnehin schon krank, schwach, psychisch und physisch komplett am Ende. Sie hat seit der Trennung viele kräftezehrende Behandlungen hinter sich.

Vor einigen Tagen, kurz nach Weihnachten, hat sie das Krisentelefon angerufen. »Ich habe denen gesagt, dass ich mich in die Psychiatrie einweisen lassen will. Ich bin einfach nicht mehr klargekommen. Ich hatte Urlaub, lag den ganzen Tag im Bett, tagelang, konnte nicht aufstehen, konnte mich nicht aufraffen, egal, wozu, überhaupt nichts. Alles an mir war schwer, ich war unendlich müde. Zum ersten Mal in meinem Leben habe ich gedacht, es geht nicht mehr. Es wird nicht wieder besser, nie wieder gut. Ich hatte keine Hoffnung mehr auf irgendwas.« Und dann: schwanger. Noch ein Problem.

Was jetzt? Sie spricht mit ihrer Mutter. Die freut sich total, das war Christina eigentlich klar gewesen. Ihre Mutter arbeitet als Erzieherin, sie liebt Kinder. »Das ist doch super! Mach dir keine Sorgen. Wir kriegen das alles hin«, sagt sie zu ihrer Tochter. Christina weiß nicht mehr, was sie geantwortet hat oder woran sie gedacht hat, in diesem Moment. Eigentlich war einfach nur alles zu viel. Ihr Kopf steckt in einer Wolke aus kratziger Watte. Als Nächstes ruft Christina ihren Exmann an, sagt ihm, dass sie schwanger ist. Abends setzt sie sich in ihr hellgraues Auto und fährt zu ihm, zurück in den Nachbarort, zurück in die gemeinsame Wohnung im Haus seiner Eltern. »Er war komplett verzweifelt. Es war alles einfach nur schlimm.«

Immer wieder überlegt Christina, ob sie das Kind nicht vielleicht doch kriegt. Vielleicht bekommt sie es ja irgendwie hin, trotz aller Probleme. Ihr Exmann sagt, es sei ja ihre Entscheidung. Er sagt nicht, sie müsse abtreiben. Er würde sich auch kümmern, im Rahmen seiner Möglichkeiten. Mittler-

weile arbeitet er 200 Kilometer weit entfernt. Seit der Trennung ist Christinas Beziehung zu ihrem Exmann und seiner Familie schwierig. Kaum ein Treffen, das nicht im Streit endet. Sie ist sich sicher: Mit einem gemeinsamen Kind würde das alles eher noch viel schlimmer, nicht besser werden.

Seit zehn Jahren arbeitet sie als Redakteurin bei ihrer Heimatzeitung. »Ich wollte weg, ich wollte etwas anderes machen, raus hier, schon vor der Trennung. Wenn du das Kind bekommst, dann musst du dableiben, du musst bei deinen Eltern einziehen, die helfen dir, die kümmern sich. Ich hätte Hilfe gehabt, Unterstützung, ich wäre nicht allein gewesen. Meine Eltern hätten sich gefreut. Und sie hätten sich gekümmert.«

In den nächsten Tagen spricht sie mit engen Freunden, einige von ihnen haben eigene Kinder, andere nicht. Teilweise sind die Freunde extrem ehrlich, sagen Christina, wie herausfordernd es sei, eine Familie zu sein. Und wie wunderschön. Eine enge Freundin lebt gemeinsam mit Mann und kleinem Kind, beide Eltern arbeiten, haben keine Großeltern in der Nähe. Bei ihr bekommt Christina mit, was das wirklich bedeutet, Alltag mit Kind. »Selbst zu zweit, das ist echt heftig. Und die beiden haben keine Trennung, sind gesund. Meine Freunde haben alle gesagt, sie können es nachvollziehen. Egal, wie ich mich entscheide. Niemand hat gesagt, er verurteile das. Es war meine freie Entscheidung, was ich am Ende mache.«

Sie versucht sich vorzustellen, wie es sein könnte, im besten Fall. Wie es sich anfühlen würde, wenn das Baby da wäre.

Und dann sind da die anderen Bilder: Christina geht allein zu Terminen und Kursen, zum Geburtsvorbereitungskurs, alle haben ihren Mann dabei und sie hat niemanden. Für sie persönlich war das Risiko zu groß, dass es am Ende allen Menschen noch schlechter geht in der ganzen Konstellation – ihr und dem Kind und ihrem Exmann. Sie googelt die Stichworte Abtreibung und Aschaffenburg. Sie findet blutige Bilder auf irgendwelchen schrecklichen Seiten. Zum ersten Mal merkt Christina, dass es gar nicht so einfach ist, Hilfe zu finden. Einen Ansprechpartner. »In meiner Naivität habe ich erwartet, dass Frauenärzte auf ihren Internetseiten darüber informieren, wenn sie Abtreibungen vornehmen. Tun sie aber nicht.« Sie weiß, dass sie zunächst zu einer Beratungsstelle gehen muss, sie hat es gelesen, irgendwo gehört. Eine Freundin war mal bei Donum Vitae, nicht schwanger, sondern mit einer ganz anderen Frage, und fand es ganz okay. Christina ruft dort an und vereinbart einen Termin. Und geht zu ihrer Frauenärztin. Gleich zu Beginn sagt sie ihr, dass sie bereits einen Beratungstermin vereinbart habe. Und dass sie sich ziemlich sicher sei, dass sie das Kind nicht bekommen will.

»Ich habe sie gefragt, ob das öfter passiere, ich dachte, ich bin vielleicht die Einzige. Meine Ärztin war aber wirklich nett. Sie hat mir während des Ultraschalls nicht den Monitor gezeigt, nicht gesagt, dass sie es schade findet. Ich sei nicht die Einzige, das passiere immer wieder mal.« Christina fragt ihre Ärztin, an welchen Arzt sie sich für den Abbruch wenden soll, wohin sie gehen kann. Sie wisse es nicht, sagt die Ärztin. Sie selbst mache es nicht und sie wisse auch nicht, wer es mache. Und selbst wenn sie es wüsste, dürfe sie es Christina sowieso nicht sagen.

Wenn Abtreibung, dann möglichst bald, auf keinen Fall lange warten, wochenlang grübeln, sie ist rastlos. Sie will schon vor dem Beratungstermin bei Donum Vitae anrufen, einen Arzt finden, der ihr hilft, und einen Termin vereinbaren. Aber sie weiß nicht, wo. Sie denkt an Krankenhäuser, zuerst ans örtliche Klinikum. Aber dort will sie auf keinen Fall hingehen. Vor langer Zeit musste sie sich dort mal in der Notaufnahme behandeln lassen. Der Arzt hat sie, die Lokaljournalistin, erkannt und währenddessen auf irgendwelche Artikel angesprochen, die sie geschrieben hatte. Also macht Christina, was sie gut kann: Sie recherchiert. Sie will im Internet Ansprechpartner ergoogeln, anrufen, sich informieren. »Es war der absolute Horror! Ich habe beispielsweise in der Uniklinik Frankfurt angerufen und um einen Termin zum Schwangerschaftsabbruch gebeten. Am anderen Ende der Leitung: Was? Schwangerschaftsabbruch? So was machen wir hier nicht.« Auf Nachfrage: Ja, es gebe da wohl niedergelassene Ärzte, die das machten, aber da wüssten sie jetzt auch nicht, nein, sie könnten ihr nicht helfen. Aufgelegt. Auf der Internetseite der Uniklinik Würzburg klickt sie sich durch bis zu einer Abteilung, die passen könnte, sucht die Durchwahl, die passen könnte. Unter der Nummer kommt sie ewig nicht durch, probiert es immer wieder. Irgendwann ruft sie in der Zentrale der Klinik an, der Pförtner hebt ab. »Ich hätte gern einen Termin zum Schwangerschaftsabbruch. Können Sie mich bitte durchstellen?« Er nennt ihr die Durchwahl, die sie schon kennt, stellt sie

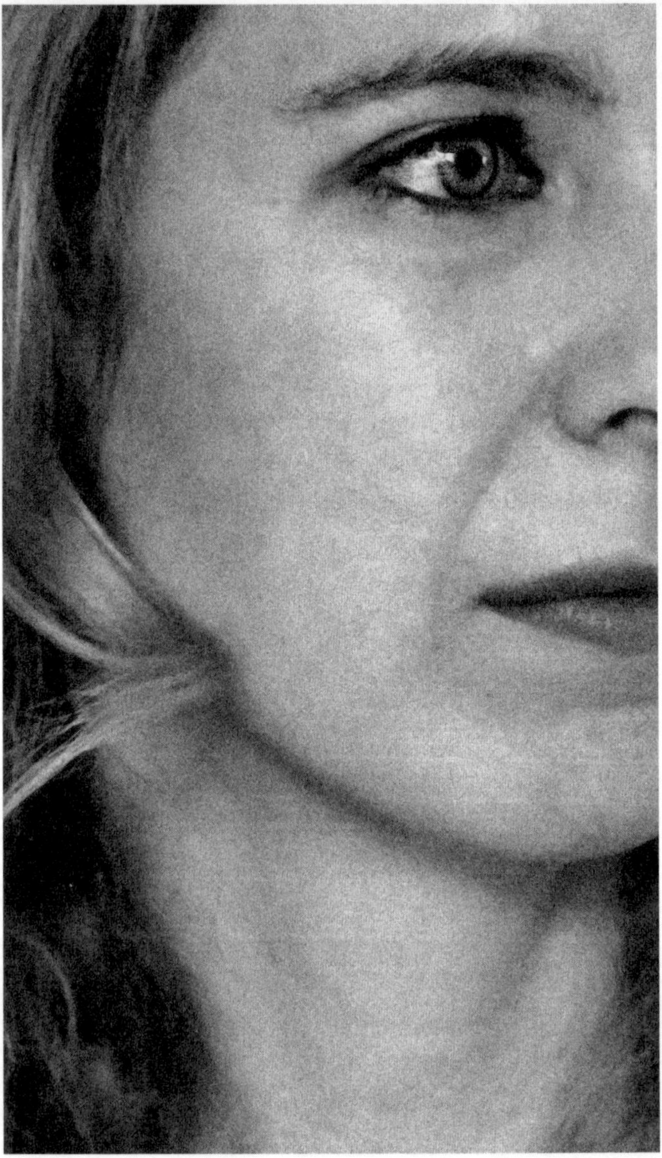

durch, wieder besetzt. Sie probiert es weiter. Am nächsten Tag geht endlich jemand ans Telefon und sagt, man brauche aber zwei Termine, einen zum Vorgespräch und einen für den Abbruch. Der nächste freie Termin für ein Vorgespräch wäre zwei Wochen später. Und dann danach noch mal warten. Christina sagt trotzdem zu. Denkt, gut, dann habe ich wenigstens schon mal einen Termin. Wenigstens erst mal Gewissheit, einen Plan, es wird funktionieren.

Zwei Tage später ist ihr Beratungstermin bei Donum Vitae. Christinas Exmann ist dabei. Sie will, dass er mitgeht, will das nicht allein entscheiden. Er ist mitverantwortlich. Auf dem Weg diskutieren sie heftig, beginnen einen Streit. Beim Beratungsgespräch ging es bald viel eher um die Beziehungsprobleme der beiden und um die Trennung als um das Thema Kind. »Ich glaube, die Frau hat schnell gemerkt, dass ich mir relativ sicher war. Sie hat nicht versucht, mich zu überreden oder so.« Christina bittet um Informationen über Ärzte, die Schwangerschaftsabbrüche durchführen. Sie sagt, dass sie sich in Würzburg einen Termin zum Vorgespräch gemacht habe, aber erst in zwei Wochen. Sie wünscht sich einen Arzt, bei dem es schneller geht. Die Frau will Christina ins örtliche Krankenhaus schicken, Christina sagt, sie wolle ausgerechnet da nicht hin, es habe spezielle Gründe. Und fragt nach einer Liste mit Alternativen. »Nein, die haben wir nicht.« Christina entgegnet, das könne ja nicht sein, das glaube sie nicht, es müsse doch Listen und eine Übersicht mit Ärzten geben. Die Frau schwimmt. Ja, sagt sie, und dehnt dabei das a ganz in die Länge, sie habe da mal von einer ehemaligen Klientin gehört, dass es da wohl in Offenbach eine Gemeinschaftspraxis gäbe, die das mache, aber so genau wisse sie es nicht, dort bekäme man wohl relativ schnell einen Termin, aber den Namen des Arztes, nein, an den könne sie sich nicht mehr erinnern.

Christina recherchiert. Gynäkologen in Offenbach, ergoogelt den Namen der Praxis, ruft dort an und bekommt einen Termin exakt eine Woche nach dem Beratungsgespräch. Dort gibt es keine zwei Termine, kein separates Vorgespräch. Okay, hieß es am Telefon, kommen Sie nüchtern, pünktlich um halb acht Uhr morgens, zack. Niemand erklärt Christina, was sie erwarten wird. Wie der Eingriff ablaufen wird. Niemand klärt sie über die Möglichkeit auf, medikamentös und nicht operativ abzutreiben. »Ich habe mir alles ergoogelt. Recherche ist mein Job, das mache ich jeden Tag. Aber was macht eine Frau, die überhaupt keine Ahnung davon hat? Was macht die?«

Sie schleift ihren Exmann mit nach Offenbach. Er muss da mit, sie will das nicht allein machen. Frühmorgens, unterwegs im Auto, streiten die beiden. Nicht über den Abbruch. Über alles mögliche andere. Wer wann was gesagt oder gemacht hat, sie zickt, schnippisch, weint, er faucht zurück. Immer wieder vor allem das Gefühl: »Wir würden das niemals hinkriegen.«

Anmeldung am beigefarbenen Tresen in der Praxis. Der Eingriff kostet 550 Euro, bitte bezahlen Sie jetzt sofort und in bar. Das hat Christina vorher niemand gesagt. Karten nehmen sie nicht, es muss Bargeld sein. Christina und ihr Exmann laufen durch Offenbach, eine fremde Stadt, suchen irgendeinen Bankautomaten, heben 550 Euro ab. Dann sitzt

Christina in einem großen Wartezimmer mit lauter fremden Menschen, die natürlich nicht alle aus demselben Grund da sind. Zerlesene Zeitschriften, ein leerer Wasserspender in der Ecke, daneben ein kleiner Stapel weißer Plastikbecher. »Vielleicht ist die eine schwanger, die andere hat einen Kontrolltermin oder einen ganz anderen Eingriff, das war schon komisch. Du denkst, oh Gott, du sitzt jetzt hier als der böse Mensch, der gerade etwas ganz Schlimmes tut. Etwas, das nicht sein darf.«

Im Behandlungszimmer untersucht der fremde Arzt sie im Ultraschall und gibt ihr eine Tablette. »Sie waren ja noch nie schwanger, darum ist Ihr Muttermund nicht geweitet, da müssen Sie jetzt erst mal eine Tablette nehmen. Es wird zwei oder drei Stunden dauern, bis sie wirkt. Laufen Sie so lange ein bisschen durch die Stadt, machen Sie irgendwas, und dann kommen Sie wieder.« Darauf war Christina nicht vorbereitet. Sie hat ihren Exmann dabei, mit dem ist sowieso schon alles schlimm. Und jetzt soll sie drei Stunden durch die Gegend laufen, darf nix essen, was macht sie so lange am frühen Januarmorgen in einer fremden Stadt. Und was passiert währenddessen durch die Tablette in ihrem Körper? Die beiden gehen in ein schäbiges Einkaufszentrum, er trinkt Kaffee, sie laufen die Schaufenster der verschlossenen Geschäfte entlang, sitzen auf einer Plastikbank und streiten über irgendeinen Kram. Einfach die Zeit rumbringen.

Sie hat im Behandlungsraum einen Zettel unterschrieben, damit bestätigt, sie wisse, dass sie eine Straftat begehe, die lediglich nicht geahndet wird. »Dir wird vor die Nase gehalten, dass du gerade etwas ganz Schlimmes tust. Und dann hast du plötzlich drei Stunden Zeit, darüber nachzudenken. Und diese Tablette geschluckt.« Ein Anästhesist klärt sie über die Narkose auf, schiebt Christina in den OP. Der Eingriff dauert nicht lange, vielleicht zwanzig Minuten. Als sie aufwacht, ist ihr speiübel. Ihr Exmann sitzt neben ihr und heult, weil ihm alles so leidtut. Er fährt sie zurück nach Hause, sie soll sich ausruhen. Christina hat keine Schmerzen, nur ein paar Tage lang normale Blutungen. Der Arzt hat sie für den Tag des Abbruchs, ein Freitag, krankgeschrieben. Am Montag geht sie wieder ins Büro.

Jetzt ist es vorbei.

Als Journalistin spürt Christina seitdem immer wieder den Impuls, über das Thema Abtreibung und die Diskussion über § 219a zu schreiben, zu recherchieren, Fakten zu sammeln, aufzuklären. Auch, weil sie es selbst erlebt hat. Aber sie hält sich zurück. Weil sie es selbst erlebt hat. Weil sie sich selbst dazu entschieden hat, eine Schwangerschaft abzubrechen. Sie will sich selbst, als Person, nicht so sehr der Öffentlichkeit aussetzen. Und denkt die ganze Zeit, immer wieder: »Ich habe es aber genau so erlebt, wie es so oft beschrieben wird.« Dass es keine zugänglichen Informationen gab, keine Aufklärung, keine Beratung im eigentlichen Sinne. »Niemand hat mich von sich aus informiert. Weder über die medizinischen Details noch über den Preis, Ablauf und Nachsorge. Über gar nichts. Warum durfte ich nicht zu meiner Frauenärztin gehen? Zu einer Person, die ich seit Jahren kenne? Warum konnte sie mir keinen anderen Arzt empfehlen, dem sie vertraut? Warum durfte ich mich nicht an jemanden wenden, dem ich vertraue? Oder wenigstens meine Ärztin? Warum musste ich mir alle Informationen selbst zusammensuchen? Ich weiß nicht, ob der Arzt, der meine Abtreibung vorgenommen hat, seinen Job gut gemacht hat oder nicht. Woher soll ich das wissen? Es gibt nirgendwo Informationen dazu. Frauen können dadurch so leicht an Ärzte geraten, die vollkommen unsensibel sind oder einfach schlecht arbeiten. Es gibt keinen Austausch.«

Christina spricht mit Freunden und Kollegen offen, auch über ihren Schwangerschaftsabbruch. »Es ist so wichtig, davon zu erzählen. Wenn man drüber spricht, bewegt sich etwas, dann kommen Leute und sagen, ja, das kenne ich gut. Oder: Ja, das habe ich auch erlebt. Das sind viel mehr Menschen, als man denkt. Man sieht es ihnen ja nicht an. Es ist viel leichter, über das Wetter zu reden, über Politik oder den letzten Urlaub als über die eigene Seele.«

Niemand, der nicht selbst in dieser Situation war, kann es nachvollziehen. Niemand beschäftigt sich damit, bevor er in dieser Situation ist. Keine Frau recherchiert prophylaktisch, wie es wäre, wenn sie ungewollt schwanger wäre. Was dann zu tun ist, was dann passiert, wie alles ablaufen wird. Christina ist einfach irgendwie davon ausgegangen, dass es Hilfe geben wird. Dass es ihr jemand erklärt. Wenn sie heute daran zurückdenkt, wie es ihr damals ging, dann hätte sie nicht anders entscheiden können, auf keinen Fall. Wenn man mit schlimmen psychischen und physischen Problemen zu kämpfen hat, ist die Verantwortung für ein Kind ein hohes Risiko. »Ich hatte Angst, dass das Kind leidet. Dass ich am Ende durch mein Handeln zwei Leben kaputt mache. Meins und das des Kindes. Ich wollte auf keinen Fall, dass ein Kind darunter leiden muss, dass ich meine, ich setz es in die Welt, zugleich aber keine Ahnung habe, wie und ob es mit mir weitergehen kann.« Es war kein Fehler. Nein. Es war schlimm. Ja. Es war schlimm, diese Entscheidung zu treffen. »Aber es hätte deutlich weniger schlimm sein können, wenn die Umstände es mir nicht noch zusätzlich erschwert hätten.«

FRANZISKA C.

»WAS IST DENN MIT DEM LEBEN, DAS BEREITS DA IST? WAS IST DENN MIT MEINEM LEBEN?«

Auf dem Beistelltisch liegt Simone de Beauvoirs »Das andere Geschlecht« in neuer Übersetzung und weichem Einband, Zerlesenheitsspuren laufen den Buchrücken entlang. Pechschwarzer Kaffee dampft aus den bunten Tassen, Franziska hat Brownies gebacken gegen die Nervosität, sie sind innen noch lauwarm.

Franziska studiert Informatik in Darmstadt. Sie teilt sich eine Wohnung mitten in der Fußgängerzone mit zwei Kommilitonen. Rechts neben dem Sofa stapeln sich Lehrbücher, unter dem Fernseher liegen Computerspiele unter einer Staubschicht, ein beladener Wäscheständer hält die Wohnzimmertür geöffnet. Die junge Frau sitzt mit angewinkelten Beinen auf ihrem Lieblingsplatz, linke Sofahälfte, direkt unter dem großen Fenster zum Hinterhof. Auf ein weißes Blatt Papier hat sie Notizen geschrieben, ihre Gedanken sortiert, der Leitfaden für unser Gespräch, damit sie nichts vergisst und nichts verdreht. Sie spricht mit eindringlicher, lauter Stimme, lehnt ihren Oberkörper nach vorn, um zu betonen. Was sie will. Was sie stört. Was sie aufregt. Sie packt ihre Worte in blitzschnelle Sätze, dazwischen entstehen kleine Pausen im Gespräch, Franziska blickt am Gegenüber vorbei, als wäre sie vorübergehend verloren gegangen.

Sie ist siebzehn oder achtzehn, wohnt zu Hause bei ihren

Eltern, Unterfranken in Bayern. Franziska geht zur Schule, das letzte Jahr, sie beginnt gerade, sich auf das Abitur vorzubereiten. Seit Mitte 2012 ist sie mit ihrem Freund zusammen. Die Beziehung geht später sehr schrecklich auseinander, deswegen redet Franziska nur ungern über ihn, am liebsten gar nicht. An einem Montag im April 2013 merkt sie, das etwas nicht stimmt. Sie fühlt sich komisch, kann das Bauchgefühl nicht zuordnen. Ihre Periode verzögert sich, nicht nur um ein paar wenige Tage, und ihre Brust spannt. Franziska ist unruhig, nervös, nein, untertrieben, eigentlich ist sie total panisch, ihre Stimme hell, die Worte schrill. Sie spricht sofort mit ihrer Mutter, als sie begreift, was das sein könnte, aufgewühlt, dennoch sachlich, ja, irgendwie sachlich. Die fährt sofort los und kauft in der Drogerie einen Schwangerschaftstest für ihre Tochter. Franziska macht den Test zu Hause im Badezimmer, positiv. Mit Blick auf die beiden rosafarbenen Streifen im Testfeld bricht sie zusammen. Sie weint laut, sie heult, völlig unkontrolliert, schluchzt und schüttelt panisch ihren Kopf hin und her. »Mir war sofort klar: Ich will das nicht. Ich kann das nicht. Es ist der falsche Zeitpunkt, es ist der falsche Typ, das alles ist einfach nur falsch, nichts daran ist richtig. Ich kann das überhaupt nicht.« Zwei Tage lang verkriecht sich Franziska zu Hause, sie geht nicht zur Schule, sie weint, sie liegt im Bett und auf dem Sofa. Ihr Kopf ist schwer, die Augen völlig verquollen. »Es war insgesamt für mich sehr schlimm.«

Franziska erinnert sich nicht mehr daran, wann sie ihrem Freund, dem »Erzeuger«, wie sie sagt, von der Schwangerschaft erzählt hat. Oder wie er reagiert hat. Sie weiß nur noch, dass es eines Nachmittags ein gemeinsames Gespräch im elterlichen Wohnzimmer gab. Mit allen. Franziska und ihre Eltern, ihr Freund und seine Eltern. Franziska und ihr Freund wollten damals sowieso, dass ihre Eltern sich mal kennenlernen – wie passend. Aber sie wollte natürlich nicht, dass es so stattfindet, aus diesem Anlass. Völlig unpassend. Alle reden auf sie ein, nacheinander, durcheinander, laut und leise. Jeder im Raum versucht, Franziska davon zu überzeugen, das Kind zu behalten. Die Schwangerschaft nicht abzubrechen. »Das war für mich echt schlimm.« Sie haben erklärt, dass wir es hinbekommen, wie und wo, wer mit wem leben wird und dass Franziska in der Schule eine Pause machen kann, das Abitur ein Jahr später nachholen. Von Unterstützung sprechen sie, sie bekomme jede Unterstützung, die sie braucht. Franziskas Eltern sind total gegen den Abbruch, vor allem ihre Mutter. Sie wiederholt immer wieder, dass eine Abtreibung nicht infrage käme. Eine Abtreibung sei doch nicht die Vorstellung von Respekt vor dem Leben, den sie Franziska beigebracht hätten. »In meiner Erinnerung haben alle Erwachsenen ununterbrochen auf mich eingeredet. Der Erzeuger hat nicht so viel gesagt. Eigentlich hat er gar nichts gesagt.« Immer wieder, auch als seine Eltern gegangen waren, tagelang: Sie solle es doch behalten. »Aber ich wollte nicht. Ich wollte überhaupt nicht. Daraufhin: ›Jaaaa, dann könne ich es doch behalten und nach der Geburt zur Adoption freigeben.‹ Ich wollte das nicht. Ich wollte das überhaupt nicht.«

Es ist mein Körper.

Für Franziska gibt es zu diesem Zeitpunkt nichts Schlimmeres, als DAS zu machen. Als die Schwangerschaft fortzuführen, als ein Kind zu bekommen. Grundsätzlich. Und in diesem besonderen Fall. Als Schülerin, zu Hause bei den Eltern, mit ihrem Freund als Erzeuger. Sie hat einen Hauptschulabschluss und einen Realschulabschluss. Sonst hat sie nichts. Kein Abitur, keine Ausbildung, keine Selbstständigkeit, keine Unabhängigkeit. Franziska versteht überhaupt nicht, warum sich niemand dafür interessiert, was sie möchte. Was sie will, wie sie empfindet. Sie lassen Franziska reden, ja, lassen sie ausreden, aber sie hören nicht, was sie sagt. Franziska fühlt sich respektlos behandelt. »Es wurde ständig über meinen Kopf hinweg gesprochen, über mich und über meine Entscheidung.«

Sie vereinbart einen Termin bei ihrer Frauenärztin und geht allein hin. Es ist toll. Franziska findet, sie hatte großes Glück mit ihr. Sie untersucht Franziska, nimmt sich lange Zeit für ein ausführliches Gespräch, erklärt ihr die Möglichkeiten, medikamentöser und operativer Abbruch, sagt ihr, wo sie hingehen kann, an wen sie sich wenden soll. Sie rät Franziska, nicht zu einer kirchlichen Beratungsstelle zu gehen, dort werde man sie wahrscheinlich beeinflussen wollen. Dann empfiehlt sie Franziska zwei Ärztinnen, die Abtreibungen durchführen, nennt Adresse und Telefonnummer der beiden Praxen. Franziskas Zuhause liegt im Einzugsgebiet der Uniklinik Würzburg. »Zum Glück, denn dort werden Schwangerschaftsabbrüche vorgenommen. Wenn ich woanders gewohnt hätte, weiter draußen auf dem Land, bayerische Provinz, hätte ich Pech gehabt. Dort gibt es keine

Ärzte, die Schwangerschaften abbrechen. Ich hätte dann viel weiter reisen müssen – ohne Auto, ohne Führerschein.«

Sie geht zweimal zur Beratungsstelle des Landratsamts, einmal allein und einmal zusammen mit ihrem Freund. Um dorthin zu gelangen, muss Franziska einen privaten Hinterhof durchqueren. Als hätte man sich versteckt, als bräuchte man Schutz, Sicherheitsabstand zum Alltag auf der Straße, Rückzug ins Verborgene. Beim zweiten Gespräch fragt die Frau auch ihn, wie er sich denn dabei fühle, in dieser Situation und vor allem, weil Franziska sich ja wohl schon längst entschieden hätte, abzutreiben. »In diesem Moment wurde ich so wütend! Ich dachte mir nur: What the fuck? Warum interessieren sich die Leute für seine Gefühle, dafür, ob er klarkommt und wie es ihm geht? Warum interessiert es niemanden, wie es mir geht? Was ich will? Das war offenbar allen egal.« Vor allem Franziskas Beziehung zu ihrer Mutter ist zu dieser Zeit sehr schwierig. Auch nach dem Abbruch sprechen die beiden sehr lange überhaupt nicht miteinander, obwohl Franziska weiterhin bei ihren Eltern wohnt. Ihr Verhältnis hat sich erst langsam wieder eingerenkt. Drei Jahre später, Franziska studiert schon längst, ist aus dem Haus, sprechen die beiden sich aus. Sie sagt ihrer Mutter, dass ihre strenge Haltung gegen den Abbruch sie damals sehr verletzt hat. Ihre Mutter entschuldigt sich dafür und sagt den Satz: »Ich merke jetzt erst, dass es damals für dich die richtige Entscheidung war.«

Franziska hat sich immer schon für Technik interessiert, begeistert, sie ist mit Computern aufgewachsen, programmiert und spielt und surft. Natürlich sucht sie im Internet nach Informationen über Schwangerschaftsabbrüche. Sie findet wenig, das ihr hilft. Sie findet viel, das sie irritiert. Der Wikipedia-Artikel über Abtreibung hilft wenigstens ein bisschen weiter, sie klickt sich durch und sammelt ein paar brauchbare Informationen darüber, wie ein Abbruch durchgeführt wird, ansonsten war ihr das Internet definitiv keine Hilfe. »Für mich war klar, auch nachdem ich das alles gelesen hatte, dass ich es trotzdem machen möchte. Zu diesem Zeitpunkt war es für mich das Schrecklichste, was ich mir vorstellen konnte: schwanger zu sein.« Sie findet sich viel zu jung. Sie hat das Gefühl, selbst praktisch noch ein Kind zu sein. Kurz vor dem Abitur macht sie allein die Vorstellung, bald auszuziehen, zu studieren, sich um sich selbst kümmern zu müssen, unruhig. Nervös. Sie traut es sich nicht zu. Und dann bei alldem noch ein Kind zu haben, ein Baby, ein Kleinkind, um das sie sich kümmern muss, für das sie sorgen muss, egal, ob mit Hilfe oder ohne, für das sie Verantwortung trägt. Nein. Franziska kann sich eigentlich kaum um sich selbst kümmern – und schon gar nicht um jemand anderen, unmöglich. »Ich wollte auf keinen Fall Mutter werden.« Auch heute hat sie keine Ahnung, ob sie überhaupt irgendwann mal Kinder haben möchte. Sie weiß nicht, ob sie eine gute Mutter wäre. Sie weiß nicht, ob sie Karriere machen will und ob das zusammenpasst, mit dem Muttersein. Sicher ist für Franziska jedenfalls: Zum damaligen Zeitpunkt hat es nicht gepasst. Gar nichts hat gepasst, damals.

Gemeinsam mit ihrem Vater geht Franziska zur Außenstelle ihrer Krankenkasse. Er ist in diesen Tagen eine vergleichsweise große Unterstützung für sie. »Er hat einfach irgendwann akzeptiert, dass ich abtreiben will. Dass ich mich nicht davon abbringen lasse. Also hat er mir bei dem geholfen, was zu tun war.« Sie ist fest entschlossen, ihren Willen durchzusetzen. Mit fester Stimme sagt sie zur Sachbearbeiterin, sie werde eine Schwangerschaft abbrechen, sie sei Schülerin, wohne noch bei ihren Eltern, habe kein Einkommen und brauche daher bitte einen Finanzierungszettel. »Und dann haben die das ohne großes Theater einfach gemacht, ausgefüllt, gedruckt, unterschrieben, fertig.« Viel später liest sie im Internet Texte anderer Frauen, die abgetrieben haben. Texte von Frauen, die über ihre Schwierigkeiten berichten, von Hürden erzählen, die sie nehmen mussten, weil sie keinen Arzt finden, der ihnen hilft, weil die Krankenkasse die Kosten nicht tragen will, von Frauen, die in vermeintlich neutralen Beratungsgesprächen nicht informiert, dafür aber beeinflusst werden. »Wow«, denkt sie sich. »Ich hatte echt superviel Glück! Ich hatte eine tolle Ärztin, die mir zugehört hat und die mir alle nötigen Infos gegeben hat. Meine Krankenkasse hat keinen Ärger gemacht. Und ich habe im Einzugsgebiet einer Klinik gewohnt, die Abbrüche durchführt. Dass ich so viel Glück hatte, ist schon irgendwie auch traurig.«

Sie geht zur Voruntersuchung in die Uniklinik Würzburg. Der Arzt dort behandelt sie wie ein unmündiges Kind, von oben herab, respektlos. Als würde er innerlich die ganze Zeit die Augen verdrehen, stempelt sie ab als aufmüpfige Jugendliche, die keine Ahnung hat vom Leben. Medizinisch sehe er ja überhaupt nichts, was dagegen spricht, die Schwangerschaft fortzuführen, sagt er mehrmals. Er unter-

sucht Franziska im Ultraschall, stellt mehrere Fragen, klopft ab, wie weit die Schwangerschaft ist. Erklärt ihr in wenigen Worten, wie der Abbruch ablaufen wird. Wann sie da sein muss, nüchtern, was sie mitbringen soll, alle Unterlagen. Es ist kalt im Behandlungsraum, vor dem gekippten Fenster hängt ein weißer Sichtschutz aus schmalen Lamellen, die leise klirren.

Franziskas Vater ist krebskrank und fährt in diesen Wochen täglich mit einem Taxi zur Behandlung nach Würzburg ins Krankenhaus. An einem Donnerstagmorgen hat Franziska im selben Krankenhaus ihren Termin zum Abbruch, er nimmt sie im Taxi mit, die beiden haben denselben Weg. Während der Fahrt unterhalten sie sich ein bisschen, aber Franziska hat keine Ahnung mehr, worüber. Es ist sehr früh am Morgen. Die Arzthelferinnen im Krankenhaus sind diejenigen, die am nettesten zu ihr sind in dieser Zeit. Die Arzthelferinnen haben am meisten Verständnis. Sie sind herzlich und sanft. Seit sie ein kleines Kind ist, hat Franziska panische Angst vor Spritzen. Impfung oder Blutabnehmen sind wahre Dramen, immer schon gewesen. Eine Arzthelferin redet ihr gut zu, beruhigt sie, das hilft, um ein bisschen besser klarzukommen mit der Angst. Franziska ist aufgeregt und friert. Irgendjemand fährt sie auf einer Liege in den Vorbereitungsraum, das Deckenlicht ist grell und grün. Ein Anästhesist erklärt ihr, wie die Narkose funktioniert, sticht ihr eine Nadel auf den Handrücken, spritzt Schlafmittel hinterher.

Danach.

Irgendwann, viel später, vielleicht auch nur zwei Minuten,

wahrscheinlich waren es zwanzig oder vierzig, wacht Franziska wieder auf. Sie liegt auf derselben Liege in einem Aufwachraum, das Licht ist gedämpft. Nein, sie fühlt sich nicht anders als vorher. Sie hat genau dieselben Schmerzen wie auch sonst, wenn sie ihre Periode hat. Das antwortet sie dem Arzt, der kommt und fragt, wie es gehe. Er meint, das sei in Ordnung, und schickt Franziska nach Hause. Ihr Freund holt sie vor dem Krankenhaus ab, er hat einen Führerschein, das Auto seiner Eltern geliehen. Er fährt Franziska zurück zu ihren Eltern. Sie legt sich ins Bett, eine Woche später geht sie wieder zur Schule.

Niemand interessiert sich dafür, wie es ihr geht. Niemand spricht mit ihr, niemand fragt, wie sie sich fühlt, ob sie Schmerzen hat, ob sie etwas braucht. »Ich wurde mit einem ›Wir fragen nicht, wie es dir geht‹ dafür bestraft, dass ich das gemacht habe. Dass ich widersprochen habe, dass ich meine Entscheidung allein getroffen habe, gegen alle anderen. Dass ich abgetrieben habe.« Zwei, drei Monate später beginnt es in ihrer Beziehung zu kriseln, es gibt große Probleme, im September trennt sie sich von ihm. Eine sehr schlimme Zeit, an die Franziska sich nicht erinnern möchte.

Seit ein, zwei Jahren verfolgt Franziska die Debatte um § 218 und § 219a intensiv. Dabei versteht sie vor allem eines überhaupt nicht: Schwangerschaftsabbrüche hat es doch schon immer gegeben. Wenn man sie verbietet, unter Strafe stellt oder den Zugang zu Informationen verhindert, nimmt man im Grunde einfach nur in Kauf, dass Frauen bei illegalen Abbrüchen sterben. Denn unter diesen Umständen werden ungewollt Schwangere im Dunklen Hilfe suchen, illegal und auf wer weiß welchen Wegen an wer weiß welche Ärzte geraten, die wer weiß was mit ihnen machen. Verbote werden Frauen nicht davon abhalten abzutreiben.

»Warum ist es bitte nicht okay, wenn sich ungewollt Schwangere informieren möchten? Das begreife ich einfach nicht! Das will nicht in meinen Kopf! Dann sitze ich da auf meinem Sofa vor dem Fernseher und höre Philipp Amthor zu, der während einer Talkshow über den Schutz des ungeborenen Lebens spricht. Was ist denn mit dem Leben, das bereits da ist? Was ist denn mit meinem Leben? Was ist denn mit dem Leben der Frau? Mit ihrem Körper? Mit dem, was sie will?« In der öffentlichen Diskussion reden viele auf einer übergeordneten Ebene, abstrakt über Abtreibung. So gut wie nie direkt mit Menschen, die Schwangerschaftsabbrüche selbst haben durchführen lassen. Um das zu ändern, redet Franziska jetzt über ihre Entscheidung und das, was sie erlebt hat. Auf Twitter äußert sie sich immer wieder zum Thema, beteiligt sich mal mehr und mal weniger an der Diskussion, es kommt auf ihre Laune an, wie viel Wutpotenzial sie gerade mitbringt. Es geht ihr nämlich auch dort viel zu oft nur darum, die schwangere Person einzuschränken. »Mich macht das unheimlich wütend. Es ist mein Körper. Mein Leben. Ich will darüber selber entscheiden – weil ich mit der Entscheidung leben muss. Zuallererst ich. Und sonst niemand.« Eine Schwangerschaft ist auch körperlich eine ganz schön krasse Sache. Man sagt ihr, sie könne die Schwangerschaft ja auch austragen und das Kind anschließend zur Adoption freigeben. »Dann laufe ich trotzdem neun Monate schwanger durch die Gegend, bin neun Monate damit beschäftigt. Es ist mein Körper und mein Thema. Das geht sonst niemanden etwas an.«

Franziska will selber entscheiden. Das hat sie auch getan. In dem Moment, als sie begreift, dass sie schwanger ist, entscheidet sie sich dagegen. Genau in diesem Augenblick. Sie will es einfach nicht. Sie wollte es damals nicht und sie will es auch jetzt nicht anders. Ein Schwangerschaftsabbruch ist eine sehr emotionale Sache, auch für Franziska. Diese Emotionalität lässt sich nicht aus der Debatte heraushalten. Aber, und das ist Franziska sehr wichtig, etwas ist und bleibt sachlich einfach korrekt: Es wird immer Schwangerschaftsabbrüche geben. Sind sie verboten, werden sie erschwert, suchen sich die Frauen im Verborgenen Hilfe.

Kurz vor ihrem Abbruch sagt sie in einem Gespräch mit einer Freundin noch, beinahe leichtfertig, ahnungslos, wenn sie jetzt schwanger werden würde, rein hypothetisch, würde sie es auf jeden Fall behalten. Wenige Wochen später ist Franziska tatsächlich schwanger. Und will es nicht behalten, auf gar keinen Fall. Dadurch realisiert sie: »Du kannst im Vorfeld einfach nie sagen, wie es später wird. Du kannst vorab nie wirklich über eine Situation urteilen, die du nicht selbst erlebt hast.« Lange Zeit spricht Franziska überhaupt nicht über ihren Abbruch, weder mit Freunden noch mit ihren Eltern oder ihrem Partner. Nach der Beziehung hat sie zwei weitere, nur einer der beiden Partner weiß von ihrer Abtreibung. Sie schweigt aus Angst, dass andere urteilen und sich von ihr abwenden.

Inzwischen spricht sie offener darüber, zum Beispiel in ihrer WG. Franziska wohnt mit einen schwulen Paar zusammen und erzählt den beiden eines Abends beim Essen von ihrem Abbruch. Die beiden fallen aus allen Wolken, sind total überrascht. Sie unterstützen Franziska, sagen, sie solle auf jeden Fall bei diesem Buch mitmachen und ihre Geschichte erzählen. Die Leute sollen wissen, wie es Menschen geht, die eine Schwangerschaft abgebrochen haben. Es macht einen großen Unterschied, ob man einfach nur so darüber redet, oder ob man mit jemandem spricht, der es selbst erlebt hat. Schwangerschaftsabbrüche sind etwas extrem Persönliches. »Alle möglichen Leute haben ihre Meinung, reden lautstark darüber, obwohl sie nicht wissen können, wie es sich anfühlt. Dazwischen klafft eine riesengroße Lücke – zwischen den Frauen, die abgetrieben haben, und Philipp Amthor.«

ANNE-CAREEN STOLTZE

**»WENN ICH DIESES KIND BEKOMME,
WERDE ICH WIEDERHOLEN,
WAS ICH DAMALS SELBST ERLEBT HABE.
UND DAS WOLLTE ICH AUF KEINEN FALL.«**

Anne Stoltze ist 44 Jahre alt. Sie lebt mit ihrem Mann und den beiden gemeinsamen Kindern in Berlin. Vor zwei Jahren ist die Familie aus der Schweiz nach 13 Jahren wieder hierhergezogen. Anne hat Geologie studiert und lange als Wissenschaftsjournalistin gearbeitet. Heute arbeitet sie in der Forschungskommunikation. Wir sitzen auf einem grünblauen Sofa in Annes Wohnzimmer. Sie ist schlank und zierlich, wirkt empfindsam. Der Raum ist weit, große Fenster führen auf eine leere Dachterrasse hoch über den Dächern Berlins. Draußen blickt man auf den Fernsehturm, drinnen auf ein großes weißes Bücherregal, das bis unter die Zimmerdecke gefüllt ist. Anne lehnt sich zurück, schlägt ein Bein über das andere und beginnt, ihre Geschichte zu erzählen. Ihre Stimme klingt anfangs zaghaft, sie wägt die Worte sorgfältig ab, bevor sie dahinfließen, weich und reflektiert, differenziert, schonungslos offen und ehrlich – zwei Fremden gegenüber.

Annes Geschichte spielt in Bremen, vor zwanzig Jahren. Sie und ihr damaliger Freund Max sind seit drei Jahren ein Paar. Es ist eine große Liebe, aber auch eine schwierige. Denn Max möchte von Anfang an nicht die gleiche Nähe wie Anne. Die meiste Zeit ihrer gemeinsamen sechs Jahre führen sie eine Wochenendbeziehung. Weil er das so will.

Die beiden lernen sich in Leipzig kennen, wohnen damals im selben Haus. Ein halbes Jahr später geht Max als Zeitsoldat zur Bundeswehr, zieht von Leipzig in eine Kaserne an der Nordsee. Irgendwann schlägt Anne vor: »Wenn du jetzt so weit weg bist, komme ich dir einfach hinterher.« Doch Max will das gar nicht unbedingt. Was folgt, ist eine aufreibende Diskussion über das Warum und Wieso. Es reiche doch, wenn sie sich am Wochenende sehen. Findet Max. Anne jedoch nicht. »Ich hab es dann einfach gemacht, habe mir eine Universität in seiner Nähe gesucht, an der ich Geologie studieren kann.«

Anne zieht nach Bremen.

»Es war schon ein großer Schritt für mich, aus dem Osten in den Westen zu gehen, nach Norddeutschland. Ich kannte niemanden in Bremen. Ich habe das seinetwegen gemacht. Aber auch, weil ich abenteuerlustig war.« Im Studium findet Anne schnell Anschluss, lernt neue Leute kennen. Wen sie allerdings nicht wie erhofft häufiger sieht, ist Max. Obwohl seine Kaserne nur eine Stunde Fahrzeit von Bremen entfernt ist, besteht er darauf, dass sie sich nur jedes dritte Wochenende sehen.

»Mit meinem Umzug bin ich schon sehr viel näher an ihn herangerückt, ihm gefolgt. Trotzdem fand er, es reiche ja eigentlich, sich alle drei Wochen zu sehen. Für mich lag jedoch eine Riesendiskrepanz zwischen den drei Wochen ohne ihn und dem einen Wochenende, das wir dann gemeinsam verbracht haben. Denn wenn wir uns sahen, war es total symbiotisch. Er wollte alles mit mir zusammen machen, wir haben einfach alles gemeinsam gemacht. Da hatte ich manchmal sogar das Gefühl, dass es vielleicht ein bisschen viel ist. Ein bisschen mehr Abstand, aber dafür einen gemeinsamen Alltag mit etwas mehr Normalität, das hätte ich mir gewünscht.«

Anne weint sehr viel in dieser Zeit, sie vermisst ihn, ist oft unzufrieden. Doch je mehr sie zu ihm will, Nähe sucht und einfordert, umso mehr muss er sich zurückziehen.

»Ich hab das alles erst lange nach unserer Trennung verstanden. Damals habe ich nur gemerkt, irgendwie geht das nicht mit uns. Es ist immer alles so schwierig, so viel Kummer, so viele Tränen.« Max grenzt sich ab. Er begleitet Anne kaum zu Familienfeiern. Immer wieder wird sie gefragt, ob sie denn überhaupt einen Freund habe und warum er nie mitkomme. Im völligen Gegensatz dazu stehen die innigen Wochenenden, die Anne und Max gemeinsam verbringen. »Natürlich haben wir auch darüber gesprochen, was später einmal wird. Sind wir dann noch zusammen? Haben wir eine gemeinsame Zukunft? ›Willst du mich irgendwann heiraten?‹«, fragt Anne. »Ich wollte das, ja. Aber er? Das wusste ich einfach nicht.«

Anne verhütet mit Diaphragma. Aus irgendeinem Grund hat sie es einmal nicht genommen. Sie dachte, es ist sicher, an diesem Tag kann nichts passieren.

»Ich hatte gleich ein komisches Gefühl im Unterleib. Es hat gezogen, irgendwas war anders. Später habe ich immer sofort gemerkt, dass ich schwanger werde, vor allem bei meiner Tochter, da war es ganz prägnant. Damals konnte ich das Ziehen aber noch nicht einordnen, ich habe nur gemerkt, irgendetwas ist da.«

Anne steckt damals mitten in der Abschlussphase ihres Studiums. Unter anderem muss sie dafür eine geologische Karte erstellen. Am Montag, dem 17. September 2001, fährt sie los in die Lechtaler Alpen nach Österreich. Anne verbringt zwei Wochen dort, kraxelt von morgens bis abends in den Bergen herum. In dieser Zeit bemerkt sie, dass ihr Körper sich verändert. Sie hat Verstopfungen, keinen Appetit und ist furchtbar müde. Ihr ist ein paarmal übel, und sie kämpft mit Kreislaufproblemen. Alles klassische Schwangerschaftssymptome. Doch Anne denkt sich nichts dabei, schiebt ihre Beschwerden auf die besondere Situation. Auf ihre langen Tage an der frischen Luft und die körperliche Anstrengung.

Als die Kartierung endet, werden auch die Schwangerschaftssymptome weniger. Anne fährt zurück nach Bremen. Mehrere Tage vergehen, in denen ihr nichts auffällt. Sie fährt nach Hause, besucht ihre Eltern in Ostdeutschland. Doch eines Nachmittags bekommt sie plötzlich starke Schmerzen im Unterleib. Anne ist gerade bei einer alten Freundin in der Nachbarschaft. »Sie hat mich dann so angeguckt und gemeint, es könnte doch der Blinddarm sein, oder?« Da Anne zudem leichtes Fieber hat, fährt sie ins Krankenhaus. Dort wird sie von einer Ärztin untersucht, die als Erstes einen Schwangerschaftsverdacht in den Raum stellt. Ob das sein könne, fragt sie Anne. »Nee, das ist unmöglich, ich warte jeden Moment auf meine Regel, die müsste jetzt kommen«, erwidert Anne. »Ich habe das damals noch nicht mal gemerkt«, erinnert sie sich heute. »Ich hatte immer große Abstände zwischen meiner Periode, einen relativ langen Zyklus, 35 Tage. Mir ist nichts aufgefallen.«

Am nächsten Tag sind die Schmerzen weg, genau wie das Fieber. Dennoch lässt der Verdacht der Ärztin Anne keine Ruhe. Sie besorgt sich einen Schwangerschaftstest. Ihrer Mutter und auch ihrer Schwester sagt sie erst einmal nichts. Den Test macht sie schließlich mit einem guten Freund.

Der Test ist positiv. Der Freund strahlt über das ganze Gesicht und sagt: »Oh, jetzt wirst du Mama!« – »Ich habe mich im ersten Moment unheimlich gefreut«, erinnert sich Anne.

Sie vereinbart sofort einen Termin bei einer Frauenärztin in ihrem Heimatort. Die untersucht sie im Ultraschall, sagt, in diesem Stadium könne sie nicht genau erkennen, ob es sich um einen Embryo oder erste Klumpen der Regelblutung handle. Daher macht sie einen Bluttest.

Einige Tage später, Anne ist wieder in Bremen, ruft die Ärztin bei ihr an und bestätigt die Schwangerschaft. Anne solle bald wieder vorbeikommen zur Untersuchung und wegen des Mutterpasses. Die Sonne scheint durchs Küchenfenster der Studenten-WG. »Ich war in dem Moment völlig überrumpelt. Aber ich habe mich gefreut. Ich habe mich unheimlich gefreut. Ich habe gestrahlt. Wow, ein Baby! So toll, so schön! Ich habe diese Freude einfach nur genossen, ich war so glücklich! Ich habe dieses Kind umarmt.«

In diesem Augenblick muss Anne nichts. Überhaupt nichts. Sie muss nichts entscheiden, nicht einmal überlegen. Nur das Gefühl genießen. Kein Gedanke daran, dass sie gerade mitten in den Diplomprüfungen steckt, in einem WG-

Zimmer wohnt und ihr Freund sie nur alle paar Wochen sehen will.

»All diese Gedanken kamen erst später. In dem Moment habe ich mich einfach nur gefreut.«

Anne erinnert sich nicht mehr genau, ob sie Max sofort am Telefon von der Schwangerschaft erzählt hat. Oder ob sie bis zum Wochenende gewartet hat. »Wahrscheinlich habe ich es ihm am Telefon gesagt und wir haben beschlossen, wir reden jetzt nicht drüber, sondern erst, wenn wir uns sehen. Ja, wahrscheinlich haben wir es so gemacht. Ansonsten habe ich nur einer einzigen Freundin erzählt, dass ich schwanger bin. Es war mein Geheimnis. Selbst meinem besten Freund, der auch in meiner WG wohnte, habe ich nichts gesagt.« Als Max ein paar Tage später zu ihr nach Bremen kommt, strahlt sie ihn an und sagt: »Ich bin schwanger!« Doch der erwidert nur: »Das geht auf gar keinen Fall!«

»In diesem Moment hätte ich nicht tiefer fallen können. Ich stand da und habe mich so sehr gefreut. Und dann das … In diesem Augenblick ist alles in mir zusammengebrochen, die Freude, meine kindlich-naive Vorfreude. Es war ein Schock …«

Max macht Anne unmissverständlich klar, dass ein gemeinsames Kind sein Leben zerstören würde. Er sagt zu ihr: »Wenn du dieses Kind bekommst, werde ich dich immer dafür hassen. Dann muss ich mich von dir trennen.«

»Aber wenn ich dieses Kind abtreiben muss, nur damit du zufrieden bist, dann muss ich mich von dir trennen!«, gibt Anne mit erstickter Stimme zurück. Sie diskutieren, stundenlang, das ganze Wochenende. Unzählige Argumente,

Gefühle brechen hervor, sprudeln, schäumen und verebben wieder. »Wir haben immer wieder von vorne angefangen. Können wir nicht doch? Nein, auf gar keinen Fall.«

Für Anne ist das heute schwer zu erklären, aber sie spürt noch ganz genau, wie es sich angefühlt hat. Sie findet damals keine Worte, um ihr Empfinden zu beschreiben. Die Fronten waren vollkommen verhärtet. Für Anne ist klar: Sie kann dieses Kind nicht alleine kriegen. Sie will es mit ihm gemeinsam aufziehen, als Familie. Nicht allein! Aber: Sie will Max auch zu nichts zwingen. »In dem Moment, als er so rigoros und hart gesprochen hat, sein Nein, da war ich unendlich enttäuscht. Wütend. Ich habe ihn für seine Härte gehasst.« Zugleich öffnet Max' Reaktion etwas in ihr: »In all meiner Enttäuschung ist da ganz langsam ein Weg frei geworden. Da war plötzlich Platz für meine eigenen Zweifel.«

Sie sieht die sachlichen Zwänge: »Ich bin mitten im Diplom, ich wohne in einer WG, gehe jobben und bekomme BAföG. Meine Familie ist weit weg. Niemand in meinem Freundeskreis hat ein Kind. Wenn Max mich verlässt, wenn er mich hängen lässt, was dann? Selbst, wenn er irgendwas bezahlen sollte … Aber so wollte ich es ja nicht! Ich wollte es nicht so!«

Annes Rationalität übernimmt. Zugleich sagt ihr Gefühl: »Wenn ich dieses Kind bekomme, wiederhole ich ein Muster.« Der Gedanke daran, Mutter zu werden, befördert in Anne einen tief liegenden Konflikt mit der eigenen Mutter an die Oberfläche. Intuitiv weiß sie, dass sie die mentale Stärke, die man braucht, um ein Kind aufzuziehen, in ihrer jetzigen Situation nicht hat. Sie fühlt klar: »Wenn ich dieses Kind bekomme, werde ich wiederholen, was ich erlebt habe. Und das wollte ich auf keinen Fall«, sagt Anne heute. »Das war der Grund, warum ich so entschieden habe.«

Lange war Anne enttäuscht und verletzt, dass Max sie damals so unter Druck gesetzt hat. »Wenn du dieses Kind bekommst, versaust du mein Leben.« Oder: »Wenn du dieses Kind bekommst, muss ich mich trennen«, hatte er gesagt. »Viel später, lange nachdem wir uns schon getrennt haben, hat er sich dafür entschuldigt. Da hatte ich ihm meinerseits schon vergeben. Aber damals habe ich mich einfach nur alleingelassen gefühlt. Ich hätte mir gewünscht, dass er sagt: ›Es ist dein Körper. Egal, wie du dich entscheidest, ich unterstütze dich. Ich will zwar natürlich auch was dazu sagen, aber guck du erst mal, was du willst.‹«

Nach diesem aufreibenden Wochenende ist klar: Anne wird das Kind nicht bekommen. Sie wird abtreiben. »Ich hab dann die kurze Zeit, in der Max noch bei mir war, trotzdem genossen, irgendwie. Ich hab gesagt, er solle noch ein Foto machen von meinem Bauch und von meinen Brüsten. Zur Erinnerung. Und Max versicherte immer wieder: ›Wir stehen das zusammen durch.‹ Das klang schön und ich wollte daran glauben, aber ich wusste wohl doch, dass das nicht stimmen kann. Dass wir das nicht zusammen durchstehen können.« Anne spürt Max' guten Willen in seinen Worten. Und trotzdem hat sie das Gefühl, er ist ganz weit weg. Sehr bei sich. Nicht bei ihr. Er ist unheimlich erleichtert, dass sie das jetzt machen wird. Dass sie abtreiben wird.

Die Zeit zwischen Annes Entscheidung und dem Abbruchtermin ist schwer zu ertragen.

»Es war schrecklich zu wissen, dass das Kind in mir wächst und ich mich dagegen entschieden habe. Mir tat es so unglaublich leid für das Kind! Ich wusste, es sind jetzt nur Zellen, winzig klein. Aber für mich war es schon eine Art von Wesen. In meiner Fantasie hatte es eine Seele, eine Fantasie-Seele. Mit all dem, was man sich dann so vorstellt – ob es ein Junge wird oder ein Mädchen, wie alles werden würde mit Kind.«

Sie spürt ihre Schwangerschaft mit einem Mal stark: Übelkeit, Heißhunger auf bestimmte Nahrungsmittel und einen plötzlichen Appetit auf Kaffee.

»Ich hab mich richtig schwanger gefühlt, alles an meinem Körper hat mich daran erinnert, dass in mir etwas wächst. Etwas, zu dem ich Nein gesagt habe. Das war quälend.«

Anne will alles so schnell wie möglich hinter sich bringen. Sie macht einen Termin beim Arzt. Sie weiß zwar nicht mehr genau, wie sie ihn gefunden hat. Aber irgendwie wusste sie, dass dieser Arzt in Bremen Abtreibungen vornimmt. Wahrscheinlich hat irgendjemand ihr mal davon erzählt. Sie selbst kennt den Arzt vorher nicht. In dem Moment ist alles recht zweckmäßig, irgendwie neutral.

Der Arzt erklärt Anne, wie der Abbruch ablaufen wird, sagt ihr, dass sie zuvor zur Beratung gehen muss. Für Anne ist das eine unangenehme Prozedur, die gar nicht darauf ausgelegt ist, ihr zu helfen, sondern nur drei weitere Tage Schwangerschaft bedeutet. Da sitzt sie einer wildfremden Person gegenüber, muss sich erklären.

»Ich habe so deutlich gemerkt, diese Person hat kein Interesse an mir und meiner Situation, sie will auch nur, dass es vorbeigeht, dass ich unterschreibe und gehe.«

Drei Tage später, nach Ablauf der vorgeschriebenen Bedenkzeit, ist Annes Abtreibung. Es ist Montag, der 22. Oktober 2001. Max nimmt sich frei, um sie zu begleiten. Der Eingriff ist unfassbar schmerzhaft. Sie bekommt eine örtliche Betäubung. Ihr Freund flieht bereits aus dem Behandlungszimmer, als der Arzt eine lange Spritze an Annes Muttermund setzt. »Ihm ist schlecht geworden, er musste rausgehen. So viel zum Thema: ›Wir stehen das gemeinsam durch.‹«

Unmittelbar nach der Ausschabung muss der Arzt im Ultraschall kontrollieren, ob der Embryo vollständig entfernt wurde. Dafür muss Anne in einen anderen Raum gehen, in dem das Ultraschallgerät steht. Sie kann aber fast nicht laufen. Der Arzt fordert Max auf, er solle seiner Partnerin helfen, zum Ultraschall rüberzukommen. »Mir war hundeelend. Ich habe dann ein Schmerzmittel bekommen, und irgendwann konnte ich wieder aufstehen, mein Kreislauf war besser, ich konnte alleine laufen. Max saß die ganze Zeit nur da. Ich hätte ihn ohrfeigen wollen, wenn ich die Kraft dazu gehabt hätte. Dieses erleichterte, dankbar-mitleidige Gesicht! Erleichtert, weil ich das jetzt für ihn gemacht habe. Es hat mich angewidert, es hat mich so angewidert! Am liebsten hätte ich ihn angeschrien, aber ich wusste, ich bin nun davon abhängig, dass er sich um mich kümmert.«

Derlei Anwandlungen kennt Anne sonst gar nicht von sich. Aber in diesem Moment ist sie unendlich wütend.

Max holt schließlich das Auto, damit Anne nicht so weit laufen muss. Sie sitzt vor dem Praxisgebäude auf der Bordsteinkante, im norddeutschen Schmuddelwetter. Es regnet. Im Rinnstein neben sich entdeckt Anne eine Kastanie, die noch zur Hälfte in ihrer Hülle steckt. Besser gesagt, zwei Kastanien – eine große und daneben eine winzig kleine. Sie hebt sie auf, hält sie in der Hand. Dann steckt sie die kleine Kastanie ein. Sie liegt bis heute in ihrem Portemonnaie.

Auf dem Heimweg hat Anne wieder starke Schmerzen. Zu Hause angekommen, legt sie sich ins Bett, mit den schlimmen Schmerzen – und mit diesem Gefühl ihrem Freund gegenüber. »Er hat mich so angewidert mit seiner Ratlosigkeit und dem gleichzeitig erleichterten Blick. Mit dieser Mischung kam ich nicht klar. ›Weißt du was‹, hab ich dann gesagt, ›hol mal Christiane her.‹ Meine Mitbewohnerin. ›Hol sie her, und dann kannst du gehen.‹

Christiane wusste von nichts, ich hatte ihr nichts gesagt. Sie ist aus allen Wolken gefallen. Aber sie war sofort für mich da. Sie hat mir eine Wärmflasche gebracht und Schmerztabletten, einen Tee, meine Füße hochgelegt. Christiane hat sich gekümmert, dann ging es mir schnell besser.«

Anne weint nicht. Sie weint kein einziges Mal. »Ich war so beschäftigt mit dem Schmerz. Da war überhaupt kein Platz für Tränen. Am nächsten Tag war Max immer noch da, er hatte sich ja extra zwei Tage freigenommen. Er hat sich sonst nie freigenommen. Er hatte es gemacht, damit er sich selbst gut fühlt. Wir stehen das ja zusammen durch. Er hat mir Essen gebracht. Im Laufe des Abends ist er dann zurück in seine Kaserne gefahren. Ich war so froh, als er endlich weg war.«

In den folgenden Tagen erholt sich Annes Körper langsam, findet zurück in seinen Normalzustand. Anne ist nicht mehr schwanger. Als sie nach der Abtreibung das erste Mal ihre Regelblutung bekommt, weint sie. Zum ersten Mal. Für Max ist es damit vorbei, Thema erledigt. Für Anne fängt da erst alles an.

Anne weint. So lange wie ihre Schwangerschaft gedauert hätte. »Ich habe zu Max gesagt: ›Jetzt wäre ich in der soundsovielten Woche, jetzt wäre das Baby so groß. Wir würden dieses machen, jenes vorbereiten. Jetzt wäre ich im Mutterschutz, jetzt wäre die Geburt.‹ –

›So kann man es doch nicht abschließen!‹«, sagte Max jedes Mal, manchmal sanft, manchmal wütend. »Wenn du immer wieder davon anfängst! Lass es doch endlich mal gut sein!« »Aber jedes Mal, wenn ich meine Regel bekommen habe, wurde ich daran erinnert, dass ich nicht mehr schwanger bin. Für mich war es eben nicht vorbei.«

Anne hat noch nie einen Tsunami gesehen. Aber zweieinhalb Monate nach der Abtreibung weiß sie, dass da etwas auf sie zukommt. Etwas Riesiges, Zerstörerisches rast auf sie zu, und sie hat keine Chance, dem zu entkommen. Anne wird klar, dass sie das nicht allein schaffen wird. Anfang Dezember sucht sie sich Hilfe bei einer Therapeutin.

Sie bekommt eine Depression. »Es ist mir wirklich wichtig zu sagen: Ich habe diese Depression nicht wegen der Abtreibung bekommen. Meine Depression war die Folge mehrerer Ereignisse, die sich im Jahr 2001 zugetragen haben. Die Abtreibung war der Auslöser, aber nicht die Ursache. Mir wurde klar, dass ich versehrt bin. Seit meiner Kindheit.

Ich fühlte mich nicht geliebt, ich fühle mich nicht gesehen, meine Bedürfnisse wurden nicht ernst- beziehungsweise wahrgenommen; und meine Seele hat Verletzungen erlebt.« Langsam erkennt Anne, was nicht gut gelaufen ist in ihrer Familie.

Anne und Max bleiben nach der Abtreibung noch knapp drei Jahre ein Paar. In dieser Zeit setzt sie ihm ziemlich zu. Die beiden diskutieren viel, Anne lässt nicht locker, versucht, an der Beziehung zu arbeiten. Damit sie es besser hinkriegen.

Aber es gelingt nicht. Im Herbst 2004 trennt sich Anne von Max. Die Abtreibung hat einen zu tiefen Bruch hinterlassen. Annes Vertrauen ist erschüttert. Nicht nur, weil er das Kind nicht wollte. Sondern weil er sie so hat hängen lassen, als sie ihn am meisten gebraucht hätte.

»Vielleicht hätte ich ja dieselbe Entscheidung getroffen, wahrscheinlich sogar. Aber ich hatte in dem Moment das Gefühl, ich treffe die Entscheidung gegen das Kind nicht wirklich frei. Da war so ein riesengroßer Druck. Er hat mich eingeengt, ich war wie gelähmt, bleischwer. Dieser Druck hat am Ende aber dazu geführt, dass ich mich selbst gefragt habe: ›Was hindert mich, Ja zu diesem Kind zu sagen? Und das hat mir den Weg frei gemacht, mich mit mir selbst, meiner eigenen Kindheit auseinanderzusetzen.«

Als Anne ihren jetzigen Mann kennenlernt, weiß sie: Das ist Liebe auf ersten Blick. Ohne ihre Abtreibung und Annes Weg seitdem wäre es wohl nie so weit gekommen. »Durch meinen Mann weiß ich erst, wie es ist, wenn mich jemand so liebt, wie ich bin. Nicht ständig sagt, ich müsse anders sein.« Zu Beginn der Beziehung erzählt Anne ihm von ihrer Abtreibung. »Das war eines der ersten Dinge, die ich von mir erzählt habe. Weil es so ein wichtiger Einschnitt in meinem Leben war, weil die Abtreibung einen so großen Prozess in Gang gesetzt hat.«

Er reagiert großartig. Sagt Anne, dass sie gemeinsam weitere Kinder haben werden.

»Und genauso ist es für mich: Ich habe heute drei Kinder. So fühlt es sich für mich an. Dieses erste Kind habe ich nicht bekommen – auch, um es zu schützen.« Als Anne weitererzählt, sieht sie mich direkt an. Sie weint. »Ich weiß nicht, ob das zu verstehen ist. Ich hab dieses Kind wirklich lieb. Aber ich hätte nicht gut sein können. Keine gute Mutter.«

Seit dem Abbruch hat Anne gelernt, sich Menschen zu suchen, die zu ihr passen. Menschen, die ihr guttun. »Ich verdanke diesem Kind sehr viel. Es hat mir ermöglicht, diesen Prozess zu beginnen, diesen Weg zu gehen. Es hat mich aufgeweckt.« Hätte Anne damals andere Menschen um sich gehabt, hätte sie schon früher gemerkt, was in ihrem Leben, ihrer Familie nicht gut ist. Dann hätte sie schon früher eine Therapie gemacht. Früher damit begonnen, sich mit sich selbst auseinanderzusetzen. »Dann hätte ich schon früher gelernt zu sagen: Ich bin es mir wert, dass ich glücklich bin. Ich muss nicht in einer Beziehung leben, in der mich mein Partner nur alle drei Wochen am Wochenende sehen will.« Nach der Abtreibung wird Anne klar: Sie macht diese Therapie nicht nur für sich selbst. Sondern auch für ihre zukünftigen Kinder. Zunächst hatte sie noch Angst, wieder schwanger zu werden, vor den Erinnerungen, die dann wieder heraufkriechen könnten. Doch mit ihrem jetzigen Mann spürt sie: Mit ihm traue ich mich alles. Acht Jahre später wird Anne Mutter. Ihre Tochter ist inzwischen 12, ihr Sohn 7 Jahre alt.

»Ich will die Abtreibung nicht ungeschehen machen. Ich bereue es nicht. Ich bin diesem Kind sehr dankbar. Und ich würde wieder so entscheiden, wieder so handeln. Ich würde wieder abtreiben, mit allem, was dazugehört. Mit all der Liebe und all dem Bedauern. Aber ich wünschte, es hätte nicht nötig sein müssen. Ich wünschte, es hätte einen anderen Auslöser gegeben, um mir die Augen zu öffnen.«

Irgendwann wird Anne auch mit ihren Kindern über ihre Abtreibung sprechen. »Sie sollen wissen, dass es noch eine andere Seele gibt in unserer Familie. Denn diese Seele gibt es – sie ist zwar nicht immer anwesend. Aber die Kastanie ist da. Die Kastanie soll da auch immer bleiben, in meinem Portemonnaie. Dort, wo ich sie jeden Tag sehe, immer bei mir habe. Sonst habe ich nichts mehr aufgehoben aus dieser Zeit, kein Ultraschallbild, keine Unterlagen. Ich habe nur noch die beiden Fotos, die Max gemacht hat.«

MONIKA S.

»DASS ES NICHT MEINE FREIE ENTSCHEIDUNG SEIN KÖNNTE, KAM MIR DAMALS NICHT MAL IN DEN SINN. WIE VIEL SCHWIERIGER DAS HEUTE FÜR FRAUEN IST, FINDE ICH UNERTRÄGLICH.«

Im Inneren ist es warm. Monika wohnt ganz oben, beinahe unter dem Dach, der Dielenboden knarzt. Ihre Katze hat sich versteckt, ist hinter den Schrank gekrochen oder ganz weit unters Bett. Eigentlich sei sie neugierig, aber heute lässt sie sich nicht blicken. Neben der Tür zum Schlafzimmer steht ein großes Regal voller Bücher, an den Wänden hängen bunte Bilderrahmen, der Raum wirkt bewohnt und trotzdem aufgeräumt. Klar. Geradlinig. Monika spricht mit ruhiger Stimme, aufgeregt und froh. Sie ist stolz, ihre Geschichte teilen zu können, helfen zu können, ihre Wahrheit zu teilen.

Ein Berliner Winter Anfang der 2000er Jahre. Der eisige Ostwind pustet umher, auf den Straßen liegt Schnee. Monika ist 35 Jahre alt und hat gerade ihr ganzes Leben durchgeschüttelt, alles infrage und dann auf den Kopf gestellt.

Bis vor einem Jahr lebte sie im Saarland, ihrer Heimat. Da war ihr Bruder gerade in die Hauptstadt gezogen, und Monika half ihm beim Umzug. »Zwischen Möbelnumhertragen und Umzugskistenauspacken habe ich gesehen, wie toll diese Stadt ist. Und sofort gespürt: Da ist was. Das möchte ich auch. Hier will ich auch leben.« Sie kündigt ihren Job und ihre Wohnung, lagert ihre Möbel ein und geht für ein sechsmonatiges Praktikum in die USA. Als sie zurückkommt: Berlin. »Ich bin wegen Berlin nach Berlin gekommen.«

Fürs Erste kann sie bei ihrem Bruder unterkommen, wohnt bei ihm in seiner Wohnung in Neukölln und erkundet die Stadt. Im Herbst nach ihrer Ankunft in Berlin lernt Monika im Internet einen Mann kennen, trifft sich bald darauf mit ihm und verliebt sich sehr schnell, Hals über Kopf. Er ist vier Jahre jünger und selbst erst seit zwei Jahren in der Stadt.

Umbruchphase. Aufbruch. Neubeginn. Sie hat gerade einen spannenden Arbeitsplatz in Berlin gefunden, in wenigen Wochen ist ihr erster Arbeitstag. Mit geregeltem Einkommen kann sie dann auch endlich auf Wohnungssuche gehen.

Nach ein paar Wochen haben sie einmal ungeschützten Sex. »Und wie das so ist – peng! –, dabei ist es passiert.« Als ihre Regel ausbleibt, macht sie einen Schwangerschaftstest, positiv. Sie spricht sofort mit ihrem Freund. Beide müssen nicht lange nachdenken. »Wir waren uns einig. Ich wollte das Kind nicht. Er wollte das Kind nicht. Für mich war es unvorstellbar, jetzt ein Kind zu bekommen. Die Situation war unmöglich. Ich kann jetzt kein Kind kriegen.« Glasklar. Kein Zweifel, nirgends. Stille, weite Klarheit. Monika ist froh, dass ihr Freund ebenso empfindet.

»Ich war kurz davor, meine neue Stelle anzutreten, ein toller Job in der neuen Stadt. Mein Freund war auf dem Sprung nach Hamburg, hatte dort seine erste Festanstel-

lung nach dem Post-Doc bekommen.« In wenigen Wochen würde er Berlin verlassen, wäre weg. »Und ich wäre allein gewesen. Nicht nur allein, sondern alleinerziehend. Auf gar keinen Fall.« Ihre Schwester hat einen Sohn, erzieht ihn allein, ohne Vater. Monika sieht, wie anstrengend das ist. Mit allem allein – dem Alltag, der Erziehung, allen Entscheidungen, großen und kleinen. »Das war für mich überhaupt keine Option.«

Im Telefonbuch sucht sie nach einem Arzt, ruft einige Gynäkologen an und fragt nach dem nächstmöglichen Termin. Sie wählt den, wo sie am schnellsten hingehen kann. In den ersten Wochen in Berlin hat Monika sich regelmäßig mit einer guten Freundin ihres Bruders getroffen, die auch in Neukölln lebt. Vielleicht war der Arzt auch ihre Empfehlung, so genau kann Monika sich knapp zwanzig Jahre später nicht mehr erinnern. »Ich hatte in Berlin sowieso noch keinen Arzt meines Vertrauens, da war es mir egal.« Wenn, dann schnell. Die Praxis liegt nahe, fußläufig, im unmittelbaren Umfeld der Wohnung ihres Bruders, in der sie zu der Zeit noch wohnt. Und der Arzt ist wirklich gut. Er ist freundlich, hört Monika zu, untersucht sie und bestätigt die Schwangerschaft. Anschließend stellt er ihr auch gleich den Beratungsschein aus. »Sie sind eine erwachsene Frau«, sagt er. »Sie sind klar in Ihrer Entscheidung, ich brauche Sie nicht mehr zu einer Beratungsstelle zu schicken, Sie bekommen den Schein direkt von mir.«

»Das fand ich großartig.« Monika ist erleichtert. Der Termin ist unkompliziert, sie fühlt sich sehr gut aufgehoben. Damals denkt Monika zum ersten Mal überhaupt über das Thema Abtreibung nach. Zwar kennt sie § 218 und weiß, dass er im Strafgesetzbuch steht. Aber ihr ist nicht klar, wie gegängelt Frauen sind, die abtreiben wollen. Dass sie einen Termin in einer Beratungsstelle absolvieren müssen und dass die allermeisten Gynäkologen keine Abbrüche durchführen. »Meiner Wahrnehmung nach hat sich aber vor allem die gesellschaftliche Debatte über Schwangerschaftsabbrüche seitdem enorm verschärft.« Polarisiert. Monika verfolgt die mediale Diskussion um § 219a, das sogenannte Werbeverbot für Abtreibungen, sehr genau. Sie ist rau, die Diskussion, roh, verletzend. »Ich lese immer wieder Berichte von Horrorszenarien, denen Frauen auf der Suche nach Rat und Information heute ausgesetzt sind. Da bin ich heilfroh, dass ich das damals nicht durchmachen musste. Dass mein Arzt im Sinne der Frau entschieden hat.« Monika vermutet, dass er nicht nur ihr den Beratungsschein gleich ausgestellt hat, sondern häufiger so handelte. »Ich hatte ihn gar nicht darum gebeten, er machte das von sich aus.« Er sagt ihr auch, in welches Krankenhaus sie gehen kann. Die Klinik liegt in Tempelhof. Am nächsten Tag besorgt sich Monika eine Kostenübernahmeerklärung ihrer Krankenkasse und vereinbart einen Termin im Krankenhaus.

In dieser Zeit denkt sie viel nach, grübelt. Darüber, dass sie gerade erst in Berlin ankommt. Über ihre neue Stelle. Die Schmetterlinge im Bauch, die frische Liebe zu ihrem Freund, der Berlin bald verlassen wird. Mutter sein. Mutterschaft. Immer wieder fragt sie sich, ob sie die Schwangerschaft fortführen soll. Ob sie das Kind bekommen soll. Oder nicht. Jedes Mal kommt Monika zum selben Schluss: dass

es nicht geht. Dass es das einzig Richtige ist, diese Schwangerschaft abzubrechen.

Am Tag der Abtreibung bringt ihr Freund sie frühmorgens ins Krankenhaus. »Er war die ganze Zeit da für mich. Er hat sich gekümmert, er hat sich sehr gut um mich gekümmert. Und er hat meine Entscheidung respektiert.« Monikas Entscheidung gegen das Kind ist auch seine. »Insofern war es vielleicht leichter für ihn, als wenn ich gegen seinen Willen gehandelt hätte.«

Ein Krankenpfleger bereitet sie für die Operation vor. Sonst kann sich Monika nicht mehr erinnern, Details und Gefühle an diesem Tag sind inzwischen verschwommen, es ist lange her. Als Monika aus der Narkose aufwacht, ist ihr Freund bei ihr im Krankenzimmer. Eine Stunde später kommt Monikas Bruder mit seinem Freund. Die beiden bringen einen großen Strauß frischer Blumen mit.

Monika fühlt sich erleichtert, auch wenn es ihr körperlich schlecht geht. Sie ist sehr mitgenommen vom Eingriff und von der Narkose und hat starke Blutungen. Sie ist erschöpft, aber froh und dankbar, dass ihr Bruder und sein Partner da sind. »Durch ihr Kommen haben sie mir gezeigt, wir sind für dich da, egal, was du machst. Es ist deine Entscheidung – und wir unterstützen dich darin. Das tat unheimlich gut.«

Am Nachmittag desselben Tages wird Monika entlassen, ihr Freund nimmt sie mit nach Hause in seine Wohnung in Tempelhof. Dort umsorgt er sie tagelang, packt sie in Watte, kümmert sich rührend. Er hat Betteinlagen und Binden besorgt, es ist alles vorbereitet, als Monika ankommt. Er kocht ihr Kräutertee und ihr Lieblingsessen. Er bringt ihr Bücher ans Bett, eine Wärmflasche. Sie schläft viel, fühlt sich matt und leer und frei. Eine Woche später geht sie zur Nachsorge bei einer Frauenärztin in der Nachbarschaft. Es ist alles in Ordnung.

Kurz darauf ist Monikas erster Arbeitstag im neuen Job. »Das war natürlich auch eine gute Ablenkung. Ich hab echt nicht mehr viel darüber nachgedacht. Ich wollte das Kind nicht bekommen, es ging nicht. Also habe ich die Schwangerschaft abgebrochen. Es gab keine Komplikationen, alles lief ohne Probleme. Es war kein Thema mehr. Jedenfalls meiner Erinnerung nach. Es war einfach so: Die Erleichterung überwog.« Sie fühlt sich frei, blättert die Seite um und beginnt das neue Kapitel: Berlin.

Die gemeinsame Erfahrung intensiviert Monikas Beziehung zu ihrem Freund. Auch weil sie erfährt, wie liebevoll er sich um sie kümmert. »Das hat mir sehr gutgetan.« Im Frühling verlässt er die Stadt, zieht nach Hamburg, um dort seinen neuen Job zu beginnen. Monika zieht endlich in ihre eigene Wohnung, in Schöneberg. Die beiden treffen sich bis zum Jahresende an den Wochenenden, immer abwechselnd, mal fährt sie in den Norden, mal kommt er nach Berlin. An Silvester ist Schluss. Gemeinsam beschließen sie, dass es nicht mehr geht. »Dieses Gependel war für uns beide nix, hin und her, nirgendwo ankommen, wir waren die Fernbeziehung leid, hatten uns auseinandergelebt, Wurzeln geschlagen dort, wo Arbeit und Unter-der-Woche-Leben spielten. Das war aber auch okay. Traurig. Aber okay.« Eine Weile lang halten sie den Kontakt noch aufrecht, dann versickert er.

In den Wochen und Monaten nach dem Abbruch erzählt Monika ihren engsten Freundinnen davon. »Ich hatte das Bedürfnis, darüber zu sprechen. Zu erzählen, was passiert war und wie es sich anfühlt. Das Nein. Und die Traurigkeit. Und die Erleichterung. Sicherlich auch, um gespiegelt zu bekommen: Es ist okay, wie du dich entschieden hast.«

Ihrer Mutter erzählt Monika nie, dass sie abgetrieben hat. Für sie wäre es überhaupt nicht okay gewesen. »Meine Mutter hat mich über Jahre immer wieder gefragt, wann ich Kinder bekomme. Wann sie Enkelkinder bekommt. Das war eines ihrer großen Sehnsuchtsthemen.« Monika fühlte sich unter Druck gesetzt. »Ich konnte meiner Mutter sehr viel erzählen, über vieles offen sprechen. Aber das nicht. Über meine Abtreibung wollte ich nicht reden. So habe ich mich vor ihrer Reaktion geschützt. Und ich habe meine Mutter vor einem Wissen über mich geschützt, mit dem sie vielleicht nicht klargekommen wäre. Dass ich ihr das verschwiegen habe, habe ich auch nie bereut.«

In der aktuellen Diskussion über Abtreibung, so nimmt Monika es wahr, wollen vor allem Männer versuchen, Frauen vorzuschreiben, was diese mit ihrem Körper machen. Das wühlt sie immer wieder auf, macht sie wütend. Nicht allein die Tatsache, dass Abtreibung verboten ist. »Das allein ist schon unfassbar. Und gehört endlich aus dem Strafgesetzbuch gestrichen! Genauso wie das sogenannte Werbeverbot. Allein schon der Begriff – ›Werbung‹. Es geht um Information. Ich finde das zynisch.« Sie kommentiert und verbreitet

Artikel zum Thema im Internet, macht bei Unterschriftenaktionen mit. Dadurch fühlt sie sich immerhin weniger hilflos in dieser ganzen Debatte.

»Meiner Meinung nach müssen Ärzt*innen Schwangerschaftsabbrüche als Leistung auf ihrer Webseite aufführen können. Es ist absurd! Das ist eine medizinische Leistung. Meine Krankenkasse hat das schließlich schon damals mit ihrer Kostenübernahme erklärt.«

Die Entscheidung für oder gegen eine Schwangerschaft, für oder gegen einen Schwangerschaftsabbruch liegt für Monika allein bei der Frau. Ihr Körper, ihre Entscheidung. Der betroffene Mann kann und soll seine Meinung, seine Position einbringen. Aber die Entscheidung liegt letztlich zu einhundert Prozent bei der Frau. »Die Idee, dass das nicht meine freie Entscheidung sein könnte, kam mir damals nicht mal in den Sinn. Wie viel schwieriger es heute für Frauen ist, finde ich unerträglich. Ich bin sehr froh, dass sich viele Menschen in der Debatte engagieren, um sie in eine Richtung zu lenken, die die Frage der Selbstbestimmung eindeutig beantwortet: Selbstverständlich.«

Ihre eigene Abtreibung fühlt sich für Monika sehr fern an, lange her, Vergangenheit. Sie denkt nie darüber nach, es sei denn, die aktuelle Diskussion triggert sie. »Ich beschäftige mich damit nicht mehr. Ich habe mich über Jahre nicht damit beschäftigt. Als Person hat mich der Abbruch nicht verändert.«

Da ist keine Reue. Manchmal hat Monika bedauert, keine Mutter zu sein. Aber sie hat nie bedauert, nicht die Mutter dieses Kindes geworden zu sein, im ersten Berliner Winter vor zwanzig Jahren. Meine Abtreibung ist nichts, was mich in meinem täglichen Leben beschäftigt. Und das ist auch gut und richtig so.«

LAURA DORNHEIM

»MEIN ABBRUCH HAT MIR GEZEIGT,
WIE WEIT WIR IN DIESEM LAND VON WIRKLICHER
GESCHLECHTERGERECHTIGKEIT UND
GLEICHBERECHTIGUNG ENTFERNT SIND.«

Es ist bitterkalt in Berlin. Ein grauer Sonntagmorgen im Januar 2020. Wind pfeift um die Häuserblocks, Altbau neben Platte und Parkanlage. Wir treffen Laura in ihrer Wohnung. Ihr kleiner Sohn und ihr Partner sind nicht zu Hause. Im Flur hängt ein großes, gerahmtes Sommerfoto ihrer Patchwork-Familie. Laura ist 36 Jahre alt und arbeitet als Sprecherin eines Tech-Start-ups. Sie hat Wirtschaftsinformatik und Gender Studies studiert, ist bei den Grünen aktiv und engagiert sich für verschiedene feministische Projekte. Im Hintergrund summt die Spülmaschine, Laura kocht Kaffee und Kräutertee. Nahezu alle Gegenstände in ihrer Wohnung sind schwarz: Tassen, Sofa, Stühle – sogar Lauras Kleid. Sie trägt schwarze Kleidung, an diesem Morgen und auch sonst. Immer. Nur ihre Haare sind blond. Wir sitzen an Lauras schwarzem Küchentisch. Sie spricht selbstbewusst, ein Satz geht in den nächsten über. Diese Frau ist auf Zack – blitzschnell im Kopf, präsent und schonungslos ehrlich.

Lauras Geschichte beginnt im Frühling 2015. Sie ist frisch verliebt, kennt ihn erst seit ein paar Wochen, maximal zwei

Monate. Die beiden sind bereits in einer Beziehung, auf dem Weg zu etwas Festem. Aber alles ist noch ganz frisch, noch nicht wirklich definiert.

Laura, eigentlich gebürtige Münchnerin, ist damals 32 Jahre alt und lebt in Berlin. Vor Kurzem hat sie ihren alten Job gekündigt, will sich bald selbstständig machen und plant ihre Gründung. Sie ist dabei, sich beruflich neu zu orientieren.

In dieser Zeit vereinbart Laura einen Termin bei einer Frauenärztin, da ihre Regelblutung nur sehr unregelmäßig kommt. Das war schon öfter so und ist in diesen Wochen wieder einmal extrem. Die Ärztin macht einen Ultraschall, sagt, es sehe ganz so aus, als würde Laura bald ihre Tage bekommen. Anschließend verschreibt sie ihr ein pflanzliches Medikament, um den Zyklus einzupegeln. Erst am Ende macht sie »aus Routine« noch einen Urintest. Laura sitzt im Wartezimmer, es dauere noch einen Moment.

»Irgendwann hatte ich aber das Gefühl, dass ich jetzt schon ziemlich lange warte. Und wenn man bei einer Ärztin lange auf Testergebnisse wartet, ist das meistens nicht so gut.«

Zwanzig Minuten später wird sie erneut ins Sprechzimmer gebeten.

»Sie sind schwanger!«, verkündet die Ärztin. Es sei noch zu früh, um im Bild etwas zu sehen, sagt die Ärztin. Aber der Test war positiv. Laura ist schwanger.

»Ich war im falschen Film. Total verblüfft, perplex.« Sie weiß nicht, wie ihr geschieht. »So, dann machen wir jetzt einen neuen Termin, um den Mutterpass auszufüllen«, sagt die Sprechstundenhilfe mit fröhlicher Stimme zu ihr. »Ich hatte nicht die geringste Ahnung, was da gerade passierte.« Plötzlich hielt sie ein kleines Stück Papier in der Hand, auf das die Sprechstundenhilfe mit blauem Stift ein Datum und eine Uhrzeit geschrieben hatte. »Mir ging das alles dreiundzwanzig Nummern zu schnell!« Draußen vor dem sterilen Neubaukomplex denkt sie: »Was mache ich denn jetzt? Es war wie in einem komischen Traum, in dem man keine Ahnung hat, wo oben und wo unten ist.«

Es ist Vormittag, die Sonne scheint. Einen Häuserblock weiter findet Laura ein paar Bänke. Sie setzt sich für einen Moment. Es ist warm für diese Jahreszeit und Laura ist mit dem Fahrrad unterwegs. Eigentlich ist es ein sehr schöner Tag. Immer wieder kreisen ihre Gedanken um die gleiche Frage: »Was mache ich denn jetzt?« Sie will unbedingt mit irgendjemandem reden, mit jemand Vertrautem. Aber mit wem? Wen soll sie anrufen? Die erste Freundin, bei der sie es versucht, geht nicht als Telefon. Die zweite, Katrin, hebt ab. Sie arbeitet ganz in der Nähe. »Komm vorbei!«, sagt Katrin. Unterwegs kauft Laura noch zwei Stücke Kuchen, weil sie das immer so macht, wenn sie mit Katrin Kaffee trinkt.

Wenig später sitzt Laura bei der Freundin im Büro und es ist großartig. Katrin ist in Berlin aufgewachsen und ein paar Jahre älter als Laura. Sie ruft: »Hey, das ist doch super, ich werde Ersatzoma!« Sie sagt aber auch, falls Laura das Kind nicht behalten will, gehe sie mit ihr zum Termin. Diese Reaktion ist das Beste, was Laura in dem Moment passieren konnte. Katrin hat unheimlich viel Humor, das Gespräch tut Laura gut. Wieder festen Boden unter die Füße bekommen. »Das war in dem Moment wirklich das Wichtigste – raus aus diesem völlig irren Gefühl: ›What did just happen?‹«, erinnert sie sich.

Später am Tag ist Laura mit einer anderen engen Freundin verabredet, deren Baby zu diesem Zeitpunkt knapp ein Jahr alt ist. Die beiden Frauen trinken Kaffee und reden über alles Mögliche. Für Laura ist die Situation völlig absurd. Die Freundin hat ihr Kind auf dem Schoß. Die Kleine krabbelt munter an ihrer Mutter auf und ab, spielt mit dem Kaffeelöffel und blickt in der Gegend herum. Und Laura könnte theoretisch auch bald ein Kind bekommen.

Sie ist ein Mensch, der gerne plant. So ziemlich alles. Laura hat am liebsten immer die Kontrolle darüber, was gerade passiert. In ihrer Küche hängt ein großer Plan neben dem Kühlschrank, ein schwarzes Kalender-Plakat mit vielen bunten Punkten. Jede Aktivität, jeder Termin ist dort eingetragen. Ein geordneter Alltag war ihr schon immer wichtig. Entsprechend überrumpelt ist sie damals, im Sommer 2015, von der Vorstellung, ein Kind zu kriegen. Ein Kind, von dem sie auf diese Art und Weise überrascht wurde. »Es hat sich für mich überhaupt nicht richtig angefühlt. Kein bisschen. Von Anfang an.«

Noch am selben Tag ruft Laura ihren Partner an, sagt: »Wir müssen uns treffen.« Den Kindsvater? Nein, er war kein Vater, denn es war ja noch kein Kind, das ist Laura sehr wichtig.

»Ich habe ihn gefragt, ob wir uns in ein paar Stunden im Park treffen können. Dort habe ich ihm dann gesagt, dass ich schwanger bin. Seine Reaktion, sein erster Satz war:

›Wie soll ich das denn meinen Eltern sagen?‹ Ich war vollkommen perplex. Was sollte ich darauf bitte antworten?« Laura kennt seine Eltern noch nicht, sie leben im Ausland. Sie weiß, dass dort ein sehr konservatives Familienbild herrscht und ihrem Freund die Meinung seiner Eltern sehr wichtig ist.

Rückblickend ist für Laura die erste Woche nach der plötzlichen Schwangerschaftsnachricht die schlimmste Zeit. Sie hat keine Ahnung, wie es weitergehen soll. Grübelt, will irgendetwas tun. Handeln. Schon vor Langem hat sie für sich entschieden, dass sie grundsätzlich Kinder haben möchte, dass sie irgendwann Mutter werden will. Sie weiß auch, dass ihr neuer Freund sich eigentlich Kinder wünscht. Laura ist schwer verknallt, alles ist aufregend neu und frisch zwischen ihnen. Aber eben auch: unbekannt. Immer wieder fragt sie sich: Gibt es Gründe, die gut genug sind, um die Schwangerschaft jetzt abzubrechen? Um dieses Kind nicht zu bekommen?

Da sich Laura in der Vergangenheit immer mal wieder mit dem Thema Abtreibung beschäftigt und viel darüber gelesen hat, ist sie gut informiert. Sie weiß, dass sie schnell einen Beratungstermin braucht. Schon allein, um sich alle Optionen offenzuhalten. Daher meldet sie sich sofort bei Pro Familia – nur wenige Tage nach dem Besuch bei der Gynäkologin kann sie zum Beratungsgespräch kommen.

In der Zwischenzeit zeichnet Laura zu Hause ein großes Plakat, versucht darauf abzubilden, was sie spürt, was sie denkt, was richtig ist – wie eine Fieberkurve. Das emotionale Chaos irgendwie ausdrücken, sichtbar machen. Das

Plakat ist ein Gitternetz, in das Laura kleine Kreuzchen malt. Oben steht für: »Ich sollte es kriegen.« Unten für: »Ich sollte es nicht kriegen.« Die Kurve wandert auf und ab. Mehrmals am Tag ändert sich Lauras Bauchgefühl, ihre Meinung.

»Ich finde es immer anstrengend, mich nicht entscheiden zu können, egal, worum es geht«, erinnert sich Laura. Sie blickt klar und wach geradeaus, als sie weiterspricht: »Aber in diesem Fall war es für mich exponentiell schlimmer, weil ich wusste, dass die Entscheidung für ein Kind alles verändern würde.«

Unsicherheit und Zweifel – gepaart mit: Die Zeit läuft. Will sie ihre Schwangerschaft abbrechen, muss sie sich bald entscheiden, zur Beratung gehen, eine Ärztin suchen, Fristen einhalten, alles Mögliche planen und organisieren. Vor allem aber: Sie muss bis dahin trotzdem schwanger sein. Laura weiß, dass sie ihre Entscheidung nicht endlos aufschieben kann. Im Extremfall ist es irgendwann zu spät für eine eigene Entscheidung.

Sie spricht in diesen Tagen viel, eigentlich ständig, mit ihrem neuen Freund. Die Gespräche kreisen meist sehr lange um seine Sorge vor der Reaktion seiner Familie, da die beiden unverheiratet sind. »Für mich war das damals völlig bizarr. Ich wusste nicht so recht, ob er wollte, dass ich die Schwangerschaft fortführe oder nicht. Er hat zwar gesagt: ›Ich unterstütze dich! Egal, wie du dich entscheidest.‹ Da war er dann schon irgendwie offen. Aber gefühlt war ich schon eher auf mich allein gestellt.«

Laura sucht damals auch das Gespräch mit mehreren engen Freund*innen, erzählt, was ihr im Kopf herumschwirrt.

Sie hat das Gefühl, in einem luftleeren Raum zu hängen, in einem Vakuum. Sie will irgendwo andocken, ankern, ankommen – endlich sicher wissen, was sie tun soll. Eine ihrer engen Freundinnen hat Philosophie studiert. Mit ihr wägt Laura ab. Für und wider, dreht und wendet die Argumente. Ihre Optionen und deren Konsequenzen. Ein anderer Freund erzählt Laura, dass seine Exfreundin vor langer Zeit ungewollt schwanger geworden sei; die beiden waren noch sehr jung. Hätte sie die Schwangerschaft nicht abgebrochen, hätte er jetzt ein achtzehnjähriges Kind. Er sei immer noch froh, dass es nicht so ist.

An einem Donnerstag ist Lauras Beratungstermin bei Pro Familia – für sie einer der aufwühlendsten Momente dieser Tage. Sie fährt mit der U-Bahn durch die Stadt, und Berlin ist groß. »Es war wahnsinnig stressig für mich. Ich musste da hinfahren, in eine Gegend, in der ich noch nie war, an einen Ort, an dem ich niemanden kannte. Mit wildfremden Menschen über intimste Dinge reden, mich total offenbaren. Und warum? Nur, um irgendeinen Zettel zu bekommen, einen Beratungsschein. Für mich war das in dem Moment einfach nur eine krasse Gängelung. Eine Demütigung.«

In Lauras U-Bahn-Wagen ist eine Klasse überdrehter Austauschschüler unterwegs. Sie hören laut Musik. »Es lief ›Super Girl‹ von Reamonn und plötzlich habe ich angefangen, Rotz und Wasser zu heulen. Es hat sich alles so fies, so falsch angefühlt. Warum passiert mir das? Warum muss ich da jetzt hinfahren? Ich musste aus Wut einfach losheulen. « Sie ärgert sich gleichzeitig über ihren neuen Freund, sich selbst, die ganze Situation. »Einfach so, ungeplant schwanger werden? Nein, das passiert mir nicht!« habe sie immer gedacht und sich deshalb selbst Vorwürfe gemacht. Heute findet sie diesen Gedanken »Bullshit«, da es keine hunderprozentig sichere Verhütungsmethode gibt, kann es jeder passieren. Aber in der Situation kamen die verinnerlichten gesellschaftlichen Vorurteile erschwerend hinzu.

Lauras Gedanken rasen. Allen voran: »Jetzt ist es mir doch passiert. Irgendwie …« Ein mieses Gefühl. Jetzt ist sie ungewollt schwanger. Jetzt muss sie einen Abbruch vornehmen lassen – vielleicht, wahrscheinlich. Allein in dieser Situation zu sein fühlt sich wie ein Makel an. Und über all das muss sie bei Pro Familia mit völlig fremden Menschen sprechen.

Ganz anders als erwartet, verläuft der Termin bei Pro Familia richtig gut. Die Frau, die das Beratungsgespräch mit Laura führt, agiert mit sehr viel Empathie und Ruhe. Sie sprechen über alles Mögliche, auch über den familiären Hintergrund ihres Freundes. Aber auch darüber, welche finanziellen Fördermöglichkeiten und Unterstützungsangebote es gibt, sollte sich Laura für das Kind entscheiden – und welche Fristen sie einhalten muss, falls nicht.

Noch heute ist Laura tief beeindruckt davon, wie professionell die Frau von Pro Familia das Gespräch geführt hat. »Wir haben eine Stunde lang miteinander geredet, und in der ganzen Zeit ist sie völlig neutral geblieben. Natürlich saß ich da, mit diesem fragenden: ›Und nun …? Was denken Sie? Was soll ich machen? Wie soll ich mich entscheiden?‹ Aber ich konnte zu keinem Zeitpunkt sagen, dass sie mich in die eine oder die andere Richtung beraten hätte. Sie hat nicht versucht, mich zu beeinflussen. Davor habe ich wirklich sehr großen Respekt.« Am Ende des Gesprächs bekommt Laura die Beratungsbescheinigung. Sie faltet den Zettel zusammen und legt ihn in ihren Taschenkalender, ein kleines schwarzes Buch mit weichem Umschlag und Gummiband an der Seite. »Auf dem Heimweg habe ich alle fünf Minuten nachgeschaut, ob der Schein noch da ist. Wenn ich ihn jetzt verliere, müsste ich noch mal einen Termin machen.«

Außerdem bekommt Laura bei Pro Familia eine Liste mit Arztpraxen, die Schwangerschaftsabbrüche durchführen. »Ich wusste, dass es absolut nicht Standard ist, so eine Liste zu bekommen. Öffentlich findet man ja keine Adressen. Danke, Paragraf 219a!«

Man sieht der Liste an, dass sie schon unzählige Male kopiert wurde. Als wäre das darauf Gedruckte geheim. Laura fühlt sich, als wäre sie auf einem Schwarzmarkt gelandet. Nach dem Beratungstermin bei Pro Familia telefoniert sie mit ihrer Mutter und erzählt ihr von der Schwangerschaft. Dieses Gespräch ist der Wendepunkt. Lauras Mama ist früh Mutter geworden. Als Laura zur Welt kommt, ist sie gerade einmal 19 Jahre alt, geht noch zur Schule. Ihre Eltern, Lauras Großeltern, sind erzkatholisch, ihre Tochter musste sofort heiraten! Und es durfte bitte auch niemand etwas mitbekommen!

»Meine Mama wollte mich damals aber unbedingt kriegen.« Immer wieder vermittelt Lauras Mutter ihr in der Vergangenheit, wie glücklich sie mit dieser Entscheidung ist, wie froh, dass sie Laura und später Lauras Schwester bekommen hat. Mit diesen Gedanken im Hinterkopf ruft Laura ihre Mutter an. Und ist sich relativ sicher, wie sie reagieren wird: »Komm! Wir kriegen das hin! Es soll jetzt eben so sein, dass du Mutter wirst.« Zu Lauras großer Überraschung passiert jedoch genau das Gegenteil. »Meine Mama war sofort völlig klar. ›Nein‹, hat sie gesagt, ›das passt nicht zu dir. Das bist nicht du. Wenn du kein gutes Gefühl damit hast, ist es für dich auch nicht die richtige Entscheidung. Vor allem: Wenn du weißt, dass du zu einem späteren Zeitpunkt bessere Startbedingungen für ein Kind schaffen kannst, dann trägst du auch die Verantwortung dafür, genau das zu tun.‹«

Mit diesem Satz war es für Laura völlig klar. »Nur weil ich grundsätzlich gerne ein Kind haben will, muss ich es ja nicht unbedingt jetzt haben. Man weiß zwar nie so genau, wann der perfekte Zeitpunkt ist, um Mutter zu werden. Aber ich hatte das starke Gefühl, dass es bessere Zeitpunkte gibt als diesen.« Laura spürt dadurch eine Verantwortung, entsprechend zu entscheiden. Ihre Mutter beruhigt sie, bringt Klarheit ins Chaos in Lauras Kopf. Nach diesem Gespräch steht ihre Entscheidung fest. Sie wird die Schwangerschaft abbrechen.

Laura möchte medikamentös abbrechen, wenn möglich eine Operation vermeiden – nicht auch noch den Kontrollverlust einer Narkose über sich ergehen lassen. In den vergangenen Tagen hatte sie schon genug Kontrollverlust. Sie geht die Liste mit den Arztadressen durch, von oben nach unten. »Pro Familia hat jeweils dazugeschrieben, welche Ärzt*innen medikamentöse und welche operative Abbrüche durchführen. Und wie hoch in etwa die Kosten sind.

Das war echt gut! Normalerweise muss man sich diese Informationen ja auch selbst einholen.«

Zunächst sieht sich Laura die Webseiten der Praxen an, um einen ersten Eindruck zu bekommen. Ist die Praxis groß oder klein? Modern oder nicht? Wo liegt sie? Wie stellt der Arzt, die Ärztin sich dar? Dann ruft sie einige an. In der ersten Praxis ist die Sprechstundenhilfe am Telefon sehr reserviert. »Die fand mein Anliegen offensichtlich nicht so toll, es war alles ein bisschen ›judgy‹. Angeblich gab es nur noch ganz wenige Termine, an sehr wenigen Tagen. Es war alles ganz schwierig und hat sich nicht gut angefühlt.« In einer anderen Praxis bekommt Laura die Auskunft, man nehme schon länger keine Abbrüche mehr vor. Da sei die Pro-Familia-Liste wohl nicht mehr aktuell. In einer Gemeinschaftspraxis gestandener Altfeministinnen bekommt Laura schließlich einen Termin. »Mir war klar, die machen das aus Überzeugung. Ich habe mich von Anfang an superwohl und gut aufgehoben gefühlt. So eine Erleichterung! Endlich war dieses ganze Warten und Hadern, dieser Spießrutenlauf von der ersten Praxis – zur Beratung – zur Arztsuche vorbei.«

Die neue Ärztin sagt Laura beim ersten Untersuchungstermin, dass sie Frauen, die noch kein Kind geboren haben, eigentlich zu einem operativen Schwangerschaftsabbruch rät. Laura erklärt, warum sie das nicht möchte. Sie hat keine Berührungsängste, kennt ihren eigenen Körper gut, vertraut auf ihr Wissen und ihr Bauchgefühl. Laura möchte einen medikamentösen Abbruch. Die Ärztin willigt ein. Laura bekommt von ihr zwei Tabletten mit unterschiedlichen Wirkstoffen. Die erste Tablette muss Laura sofort in der Praxis schlucken. Die zweite soll sie am nächsten Tag, 36 Stunden später, zu Hause einführen.

Nach dem Arzttermin machen Laura und ihr Freund einen Großeinkauf im Supermarkt. Sie kaufen Milch, Kakao und Kekse, Saft, Chips und Schokolade – alles, was Laura unter Wohlfühlessen versteht. Eine Art Katastrophenvorbereitung. Am nächsten Morgen ist Laura zu Hause, ihr Freund ist bei ihr. Sie führt die zweite Tablette vaginal ein. Warten. Irgendwann bekommt Laura leichte Krämpfe, die sich anfühlen wie Regelschmerzen. »Wir sind lange durch die Straßen spaziert, auch an diesem Tag war schönes Wetter, durch den Park und in ein paar Geschäfte.« Laura isst ein Eis. In einem Elektronikmarkt probiert sie alle Massagesessel aus, die zum Verkauf angeboten werden. Sie sitzt Probe, die Lehnen kneten über ihren Rücken, einige werden dabei warm – Ablenkung, Entspannung, irgendwie. »Das hat richtig gutgetan und war irgendwie sogar ein bisschen lustig.« Als Lauras Krämpfe heftiger werden, gehen die beiden nach Hause, legen sich ins Bett und gucken einen Film. »Irgendwann habe ich dann angefangen zu bluten. Das war aber nicht so krass. Und weil ich neugierig war, habe ich geguckt, ob ich irgendwas sehe. Aber es war genauso, wie wenn ich meine Tage kriege. Da sind auch ab und zu kleine Klümpchen und Schleim mit dabei.« Die Frauenärztin hat Laura ihre private Handynummer gegeben, falls irgendetwas sein sollte. »Das war toll, ich hatte echt Glück mit meiner Ärztin. Mit ihr habe ich mich total sicher gefühlt.«

Ein paar Tage später geht Laura zur Nachuntersuchung.

Es ist alles in Ordnung, Laura ist nicht mehr schwanger. »Ich war sehr erleichtert. Und damit war das Thema erst mal durch für mich. Ich kann nicht sagen, dass ich hinterher emotional besonders mitgenommen gewesen wäre wegen des Abbruchs. Nur dieser Makel, der ist noch eine Zeit lang geblieben. Dieses Gefühl: Wie konnte mir das passieren? Dieses internalisierte Klischee: Jetzt bist du ein schlechterer Mensch. Weil mir das passiert ist. Und es hätte mir nicht passieren dürfen. Was natürlich totaler Quatsch ist, aber auch als Feministin ist man von den gesellschaftlichen Vorurteilen nicht ganz frei. Ansonsten hatte diese ungewollte Schwangerschaft aber zum Glück keine großen Auswirkungen auf mein Leben.«

Einige Wochen nach dem Abbruch lässt sich Laura eine Verhütungsspirale einsetzen, um auf Nummer sicher zu gehen. Doch schon bald bekommt sie starke Nebenwirkungen, muss sich die Spirale wieder ziehen lassen. Zu diesem Zeitpunkt ist sie seit einem Dreivierteljahr mit ihrem Freund zusammen. In der Zwischenzeit haben sie die Eltern und Geschwister des jeweils anderen kennengelernt. Und Lauras Mama findet ihn großartig. »Irgendwann waren wir dann an dem Punkt und haben gesagt, wenn jetzt was passiert, ist es okay. Wir haben es zwar nicht konkret geplant. Aber es war total klar: Wenn ich jetzt schwanger werde, dann werden wir es behalten.«

Ein paar Monate später ist Laura wieder schwanger. »Als ich meiner Mama davon erzählt habe, war sie sich sicher: ›Es kommt jetzt noch mal, das Kind. Es klopft wieder an. Ein nächster Versuch.‹ Neun Monate später kam dann mein kleiner Sohn zur Welt. Und er ist natürlich das tollste Kind der Welt! Und ja, man könnte jetzt natürlich sagen: ›Dann hättest du aber auch ein Jahr früher ein Kind kriegen können.‹ Aber ich finde, das sollte man nicht. In diesem Moment war es meine Entscheidung! Selbst wenn ich eine Woche nach der Abtreibung wieder schwanger geworden wäre und gesagt hätte: ›Ich will es behalten‹, dann wäre das einzig und allein meine Entscheidung gewesen. Da hat niemand reinzureden.«

Die erste Schwangerschaft zu beenden war richtig für Laura – davon ist sie überzeugt. Es war eine sehr wichtige Erfahrung, zwar keine gute, aber eine, die ihr die Augen geöffnet hat. »Ich habe realisiert, wie weit wir in diesem Land von wirklicher Geschlechtergerechtigkeit und Gleichberechtigung entfernt sind. Mit einem Papst, der sagt, Abtreibung sei Mord. Mit der üblichen Bevormundung in der Diskussion, eine Frau, die ungewollt schwanger werde, sei selber schuld. Oder zu dumm, um zu verhüten. Sowieso sind angeblich ja immer nur die Frauen schuld, obwohl die Männer nie unbeteiligt sind. Vor allem aber ist mir klar geworden, dass ich als Frau offenbar nicht frei entscheiden darf, was ich mit meinem Körper mache! Wenn ich daran denke, wird mir jedes Mal ganz anders.«

Laura gestikuliert, untermalt ihre Worte. Ihre Augen leuchten, ihre Stimme ist laut. Ihre Sätze sind nun kurz, klar und deutlich. Sie spricht langsamer als zuvor, entschlossen. Für sehr viele Frauen ist es unheimlich schwer, über ihren Abbruch zu sprechen – aus privaten, aber auch aus gesellschaftlichen Gründen. Laura sieht sich hier in einer privilegierten Position: Sie weiß, dass sie sowohl im Job als auch in ihrem privaten Umfeld nicht schief angeguckt wird, wenn sie ihre Geschichte erzählt. Darum hat sie sich gesagt: »Okay, dann muss ich vielleicht einfach offen darüber reden. Schon allein, damit andere, die in so einer Situation stecken und Informationen suchen, im Internet nicht nur irgendwelche Horror-Storys finden.« Laura entschließt sich, einen Artikel über ihre Abtreibung zu schreiben, und veröffentlicht ihn im März 2018, drei Jahre nach ihrem Abbruch, im Online-Magazin Edition F. Sie bekommt sehr viele Reaktionen – die meisten davon von Frauen und alle positiv.

Natürlich erreichen sie auch hin und wieder Stimmen von Abtreibungsgegnern, die ihr schreiben, Abtreibung sei Mord. Oder: »Darf ich fragen, wie ihr verhütet habt?« Oft reagiert Laura auf derlei Kommentare. Sie geht immer dann in den Dialog, wenn sie das Gefühl hat, es gibt den Hauch einer Chance, jemandem etwas zu erklären. »Ich hätte nie gedacht, dass Schwangerschaftsabbrüche mal mein großes Thema werden. Aber irgendwie ist es zu meinem Thema geworden. Es fühlt sich sehr richtig an, darüber zu sprechen. Die Diskussion ist anstrengend, aber mir einfach wahnsinnig wichtig.«

Laura ist zu hundert Prozent überzeugt: § 218 und § 219 StGB müssen weg! »Es gibt jetzt diesen Kampf zu kämpfen. Und wenn ich dazu beitragen kann, dann bin ich vorne dabei. Durch meinen eigenen Abbruch ist das Thema für mich sehr nah und persönlich geworden. Genau das ist wohl die wichtigste Folge meines Abbruchs. Er hat mein politisches Engagement für die Sache befeuert.«

Vor mehreren Monaten hat der RBB ein kurzes Fernseh-Interview mit Laura über ihren Abbruch und ihr politisches Engagement gesendet. Als sie ihren kleinen Sohn ein paar Tage nach der Ausstrahlung aus der Kita abholt, spricht eine der Erzieherinnen sie darauf an, eine knapp 60-jährige gestandene Frau. »Es ist so gut«, sagt sie, »dass Sie sich trauen, den Mund aufzumachen! Dass wir endlich darüber sprechen. Für jemanden wie mich, der in der DDR gelebt hat, ist das alles wirklich nicht zu fassen! Diese Gesetze sind unmöglich. Es fühlt sich an, als wären wir auf dem Weg zurück ins Mittelalter.« Für Laura waren die Worte dieser älteren, lebenserfahrenen Frau, die Kinder über alles liebt, sehr wichtig. Denn sie bestätigen sie darin, auch weiterhin offen über Abtreibung zu sprechen. Klar, schnörkellos und ohne Tabu.

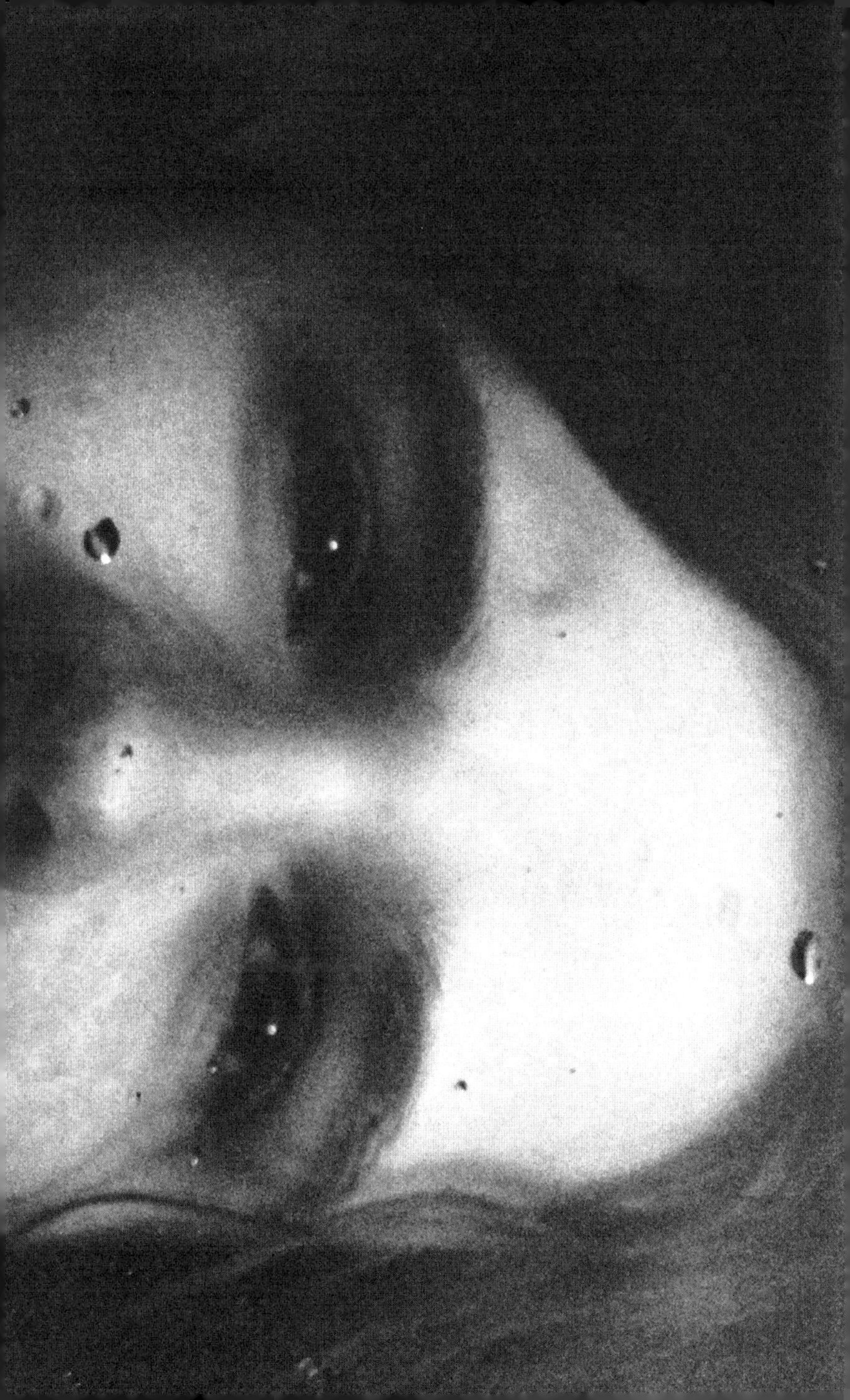

RONJA A.

»ICH WÄRE AN JEDEM EINZELNEN TAG DAMIT KONFRONTIERT GEWESEN, WAS PASSIERT IST.«

Ronja wohnt in einer Mietwohnung am Stadtrand von Bielefeld. Neubau, hell und kantig, wenige Schritte entfernt liegt ein kleiner Park. Draußen ist es kalt, es stürmt und hagelt große Eiskugeln vom Himmel. Im Hausflur duftet es nach Waschmittel, der Fliesenboden ist grau gemustert. Seit einigen Monaten lebt Ronja hier mit ihrem Freund, ist zu ihm gezogen, zwei Zimmer und Balkon. Ronja kocht Kaffee und stellt eine Schale mit Süßigkeiten auf den Wohnzimmertisch, Sprudelwasser. Ronja ist groß und schüchtern und zugleich beinahe irritierend präsent. Ihre Stimme ist ruhig, sie wählt die wenigen Worte, die sie spricht, präzise und klar.

Im September 2014 ist Ronja 19 Jahre alt. Sie lebt bei ihren Eltern in der Nähe einer kleinen Stadt im Münsterland in Nordrhein-Westfalen. »Zu dieser Zeit war ich eigentlich wieder etwas stabiler. Aber richtig gut ging es mir noch nicht.« Im Jahr zuvor hat Ronja Abitur gemacht und ein Studium begonnen, Mathematik in Münster. Sie wird krank, entwickelt eine starke Angststörung und muss das Studium abbrechen. Drei Monate lang lässt sie sich in einer Tagesklinik behandeln, bekommt Medikamente, bald geht es ihr besser. Aber sie weiß nicht, wie es weitergehen soll, wo leben, was lernen, studieren oder nicht, über allem hängen viel zu viele Fragezeichen.

Seit mehreren Wochen geht es Ronja körperlich schlecht. Ständig muss sie sich übergeben, kann sich nicht erklären, woran das liegt, was sie hat, was nicht stimmt mit ihr. Sie wird immer schwächer, schlapp, das, was sie um sich herum wahrnimmt, taucht täglich tiefer ein in dichten Nebel. »Ich habe sehr lange die Frage verdrängt, was los sein könnte. Was dieses Unwohlsein sein könnte. Auch als meine Schwangerschaft eigentlich nicht mehr zu leugnen war.« Sie geht mehrmals zu ihrem Hausarzt, er untersucht, stellt Fragen, wo tut es weh und seit wann, haben Sie etwas Falsches gegessen? Er findet nichts. Magenverstimmung, vielleicht eine Entzündung im Bauch. Eines Montagmorgens sitzt sie wieder auf dem weißen Stuhl in seiner Praxis, immer noch nicht besser? Er untersucht ihren Bauch im Ultraschall. Da ist es dann aufgefallen. »Sie sind schwanger.« Ronja begreift nicht. Sie begreift überhaupt nichts. Da war kein Gedanke, auch kein richtiges Gefühl, nur ein dumpfes Nichts. Pochen.

Ihr Hausarzt führt eine Gemeinschaftspraxis mit einer Gynäkologin, bei der auch Ronja Patientin ist. Ronja liegt neben dem Ultraschallgerät, stumm. Ihre Handflächen berühren das dünne Papier auf der Liege. »Moment, ich hole meine Kollegin, die soll sich das mal ansehen«, sagt der Arzt. Ronja wartet. Ihr Herz rast, im Ohr piept es, erst ganz leise, dann immer lauter, es dröhnt. Ronja schwitzt, ihr ist schlecht, der Bauch schmerzt, sie begreift nicht, was da gerade passiert. Ihr Körper ist viel zu schwach, um zu denken. Ein paar Minuten später kommt Ronjas Gynäkologin ins Zimmer, untersucht sie, bestätigt: »Sie sind schwanger.«

Zwar gab es in den vergangenen Wochen kurze Gedanken, blitzschnell, dann waren sie wieder weg. »Natürlich habe ich bemerkt, dass ich meine Tage nicht mehr bekomme. Aber sie kamen bei mir eh immer sehr unregelmäßig, deswegen habe ich mir relativ lange keine großen Gedanken darüber gemacht.« Ronja führt kein Buch, trägt ihren Zyklus nirgendwo ein oder ab, so weiß sie nie genau, wie lange er dauert. Irgendwann denkt sie, ihre Blutung bleibt aus, weil sie krank ist, weil sie sich so schwach fühlt. »Irgendwie habe ich immer eine gute Erklärung gefunden, wenn es mir in den Kopf kam. Aber ich hab es nie als wahrscheinlich angesehen. Nie so sehr, dass ich einen Test gemacht hätte. Oder wirklich darüber nachgedacht hätte, einen zu kaufen.« Es war viel eher ein ›Ja, es könnte theoretisch sein‹. Aber eigentlich ist es das nicht. Nicht daran denken. Denk nicht mehr daran. Denk einfach nicht daran.

Die beiden Ärzte schicken Ronja sofort in ein Krankenhaus. Sie hat einen starken Schwangerschaftsdiabetes entwickelt, darum geht es ihr so schlecht. Ronja kann sich kaum auf den Beinen halten, der Weg vom Bett aufs Sofa schien seit Tagen schon endlos, der von einer Arztpraxis zur nächsten sowieso. Ihre Umwelt verschwimmt vor ihren Augen, ihre Eltern sind da und bringen Ronja in die Klinik nach Rheine, die kleine Stadt im Münsterland.

In diesen Minuten, in den ersten Stunden danach, nach der Nachricht, denkt Ronja – nichts. Ihr Kopf ist leer. Lang-

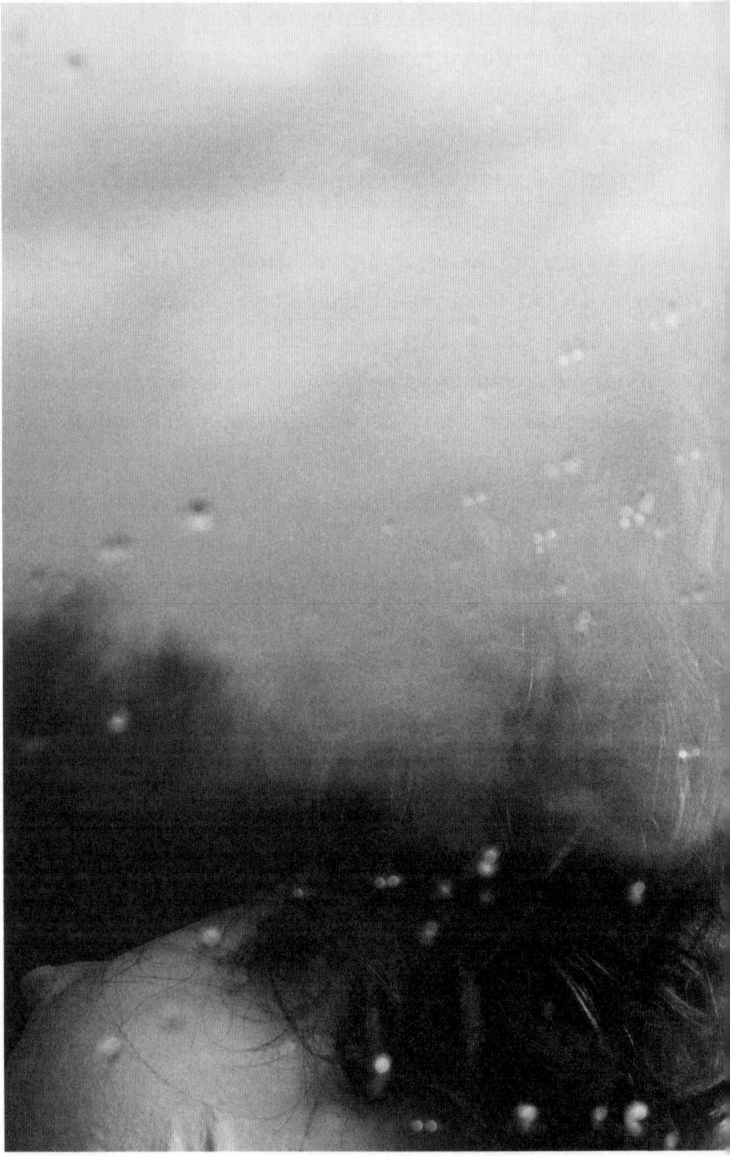

sam, beinahe behutsam kriecht der Schreck in ihr Bewusstsein. »Ich war schockiert. Ich hatte damit überhaupt nicht gerechnet, in meinem Kopf war das unendlich weit weg. Es war so unwirklich. Ich gehe zum Arzt, damit er mir hilft. Stattdessen sagt er mir, dass ich schwanger bin. Ich konnte in diesem Moment einfach nichts damit anfangen. Ich wollte Hilfe haben – von außen. Schwanger sein bedeutete aber, dass ich mich zuallererst selbst kümmern musste, von innen. Ich hatte keine Ahnung, was ich damit anfangen sollte. Was das bedeutet.« Ronja bleibt die Woche über im Krankenhaus, fünf Tage, bis Freitag. Sie bekommt Infusionen, um ihren wackeligen Körper aufzubauen. Während dieser Zeit wird ihr ganz langsam klar, was passiert ist. Was sie jetzt machen muss.

Ronja hat keinen Kontakt zum Erzeuger. »Es ist ein bisschen schwierig.« Sie schweigt, lange, viele Minuten, blickt in ihren Schoß, auf ihre Hände. »Weil es alles keine wirklich freiwillige Situation war.« Er ist über zehn Jahre älter als Ronja, sie lernt ihn auf einer Feier kennen. Eine Woche später verabreden sie sich, er lädt sie zu sich nach Hause ein. »Wir haben uns unterhalten, später einen Film geguckt. Und dann ging es weiter, viel zu schnell, ich war komplett überfordert. Ich wusste überhaupt nicht, was passiert, und ja –

Ich habe es nicht geschafft durchzusetzen, was ich möchte.

Ich habe es nicht geschafft, Nein zu sagen.«

Danach fühlt sich Ronja vollkommen überfordert. Mit allem. »Dann habe ich beschlossen, einfach nicht mehr drüber nachzudenken. Es war jetzt halt gewesen. Es ist passiert.

Aber es passiert nicht mehr!« Natürlich war ihr bewusst, was es bedeuten könnte. Dass sie schwanger geworden sein könnte. »Aber die ganze Situation, das Erlebte war für mich komplett inexistent.« Nicht passiert. Nicht da. Sie wollte auch niemals wieder Kontakt zu ihm haben müssen. Auf gar keinen Fall. »In dem Moment, als ich realisiert habe, dass ich schwanger bin, habe ich auch sofort realisiert, dass ich das nicht möchte. Für mich war von Anfang an klar, dass ich es nicht will.«

Ronjas Eltern besuchen sie täglich im Krankenhaus. »Normalerweise wäre das bei uns so: Wenn jemand im Krankenhaus liegt, kommt die restliche Familie vorbei, Tanten und Onkel, alle kommen zu Besuch. Aber die wussten nicht, dass ich im Krankenhaus lag. Oder warum. Das wollte ich auf keinen Fall. Also kamen sie nicht.« Am letzten Tag, Freitag, begegnet Ronja auf dem Krankenhausflur zufällig ihre Tante. Die war dort, weil ihre Tochter gerade ein Kind bekommen hat. »Was machst du denn hier? Warum bist du im Krankenhaus?« Ihre Tante ist völlig verdattert. »Ich hab ihr irgendetwas erzählt, mir Ausreden ausgedacht, gesagt, ich müsse wegen einer Magenentzündung behandelt werden.« – »Ja, aber warum hast du denn nichts gesagt?«, fragt die Tante bestürzt. Sie erzählt Ronjas Großmutter, dass ihre Enkelin im Krankenhaus liegt. »Meine Oma war richtig vor den Kopf gestoßen, dass sie mich nicht besuchen durfte. Dass ihr niemand etwas gesagt hat.« Offizielle Familien-Version: Ronja lag eine Woche lang wegen einer Magenentzündung im Krankenhaus. Jetzt geht es wieder besser. »Ich glaube, mein Bruder wusste auch nicht, was in Wahrheit los war. Aber vielleicht doch, irgendwie. Vielleicht haben meine Eltern mit ihm gesprochen. Ich weiß es nicht.«

Freitags wird Ronja entlassen, darf wieder nach Hause und muss das Wochenende abwarten, kann ja jetzt nirgendwo mehr einen Termin machen. Sie spricht nicht mit ihren Eltern. Über den Abend. Über die Schwangerschaft. Darüber, ob es möglich wäre, das Kind zu bekommen. Über eine Abtreibung. »Ich habe das mit mir ausgemacht.« Sie schweigt. »Ich glaube, meinen Eltern war es auch sehr viel lieber so. Das würde ich ihnen auch nie vorwerfen, das kann ich gut verstehen. Aber es gab kein offenes Gespräch darüber, was ist, was jetzt passiert. Sondern einfach ein Unterstützen bei dem, was nun zu tun war. Wir machen das jetzt. Auch danach. Wir haben nicht mehr wirklich viel darüber geredet.«

Montags geht Ronja sofort wieder zu ihrer Frauenärztin. Sie sagt ihr deutlich, dass sie es nicht möchte. Dass sie nicht schwanger sein möchte. Dass sie kein Kind bekommen will. Die Ärztin handelt praktisch. Lösungsorientiert. Sie legt Ronja einen Plan vor, dieses und jenes ist zu tun, wenden Sie sich hierhin, dahin, beachten Sie jenes. Das tut gut. Es hilft, bringt Klarheit über die nächsten Schritte. Ronja erfährt, dass sie zur Schwangerschaftskonfliktberatung gehen muss, dass sie bei ihrer Krankenkasse einen Antrag auf Übernahme der Kosten des Eingriffs stellen muss. Weil sie schon relativ weit ist, kommt ein medikamentöser Abbruch nicht mehr infrage. Ronja bekommt von ihrer Gynäkologin die Adresse des einzigen Arztes, der in der Gegend Schwangerschaftsabbrüche macht. Ein einziger, keine Wahl. Seine Praxis ist in Osnabrück, 45 Kilometer entfernt.

»Ich glaube, ich war damals in Schwangerschaftswoche 11+1.« Es war alles sehr knapp, weshalb sie noch am selben Tag einen Beratungstermin bei Pro Familia in Rheine bekommt. Ronja will nicht allein hin, ihre Mutter begleitet sie. Das Gespräch verläuft gut, sachlich, die Dame ist freundlich, irgendwie neutral und dabei auch verständnisvoll. Sie erklärt Ronja, dass es trotz der Medikamente, die sie gegen ihre Angststörung nimmt, funktionieren könnte. Dass sie die Schwangerschaft fortführen und das Kind bekommen könnte. »Es könnte funktionieren, hat sie gesagt. Aber sie hat mir nicht reingeredet, nicht gesagt, mach dies oder das, behalte es oder treibe ab. Für mich war es nie eine Option, die Schwangerschaft fortzuführen. Ich wäre alleine gewesen mit dem Kind, ohne Vater, ohne Ausbildung. Auf gar keinen Fall!«

Anschließend geht Ronja sofort in die Geschäftsstelle ihrer Krankenkasse. Am Schalter sagt sie, weshalb sie da ist, Schwangerschaftsabbruch. Sie erklärt, dass sie kein Einkommen hat und übergangsweise bei ihren Eltern lebt, um bald ein neues Studium zu beginnen. »Die Situation war mir sehr unangenehm. Der Mitarbeiterin auf der anderen Seite des Schalters war die Situation aber offensichtlich noch viel unangenehmer.« Die Frau spricht nur einsilbig mit Ronja, füllt ein Formular aus, Ronja unterschreibt. Die Frau ist nicht unprofessionell, kommentiert nicht, sagt nichts, was nicht unbedingt nötig ist. Trotzdem spürt Ronja, wie unangenehm ihr alles ist.

Ronja ruft in der Arztpraxis an und vereinbart einen Termin, so schnell wie möglich, drei Tage später. Ihre Mutter

begleitet sie. Im Wartezimmer sitzen mehrere Frauen, Ronja fragt sich, ob noch eine von ihnen zur Abtreibung da ist. Der Arzt ist so, wie sich Ronja Ärzte eben vorstellt. Sachlich. Er macht, was er halt macht. Er fragt sie nach ihrem Beziehungsstatus, diese Information brauche er für eine Statistik, die er praxisintern führe, Ronja fragt nicht weiter nach. Er erklärt ihr, wie der Abbruch ablaufen wird. Dann untersucht er Ronja im Ultraschall, um zu sehen, wie weit sie ist. Sehr weit. Es war alles zeitlich sehr knapp mit der dreimonatigen Frist, eine Woche später wäre es nicht mehr gegangen. Dann hätte Ronja die ungewollte Schwangerschaft nicht mehr abbrechen können. »Ich bin so froh, dass es rechtzeitig aufgefallen ist. Dass mein Hausarzt die Untersuchung durchgeführt hat, gesehen hat, dass ich schwanger bin. Ich selbst hätte es sehr wahrscheinlich auch noch länger verdrängt.«

Arzt und Arzthelferinnen sagen Ronja mehrmals, dass sie jederzeit ihre Meinung ändern könne, auch noch kurz vor der Narkose. Für andere Patientinnen könnte das wohl sehr wichtig sein, denkt Ronja. Sie selbst hat keine Zweifel, überhaupt nicht. »Sie wollen auf Nummer sicher gehen. Im Nachhinein finde ich es gut, dass sie so beharrlich waren. Es hat mich nicht gestört.« Sie hat nicht das Gefühl, irgendjemand wolle, dass sie sich anders entscheidet. Es war eher wie eine Information, sehr sachlich.

Nach dem Eingriff liegt sie in einem Aufwachraum. Mehrere Betten sind mit Vorhängen voneinander getrennt, sie sieht niemanden und niemand sieht sie. Das ist gut. Weil man da ja auch niemanden treffen möchte, den man kennt. Ronja ist verwirrt von der Vollnarkose, weiß nicht genau, wo sie ist und was passiert. Sie hat nicht gemerkt, wie sie eingeschlafen ist. Und wird an einem ganz anderen Ort wieder wach. Danach. Sie ist erschöpft, ihr Körper fühlt sich leer an. Körperlich geht es ihr relativ schnell wieder gut, sie hat nur leichte Schmerzen. Ihre Mutter fährt sie im Auto zurück nach Hause. Vor dem Autofenster fliegt Landschaft vorbei, Wiesen und Bauernhöfe, die Sonne scheint. »Unterwegs habe ich gespürt, dass ich doch ziemlich fertig war.« Zu Hause legt sich Ronja aufs Sofa, ruht sich aus und geht an diesem Tag früh zu Bett. Sie blutet kaum oder gar nicht, jedenfalls nicht so, dass es ihr im Gedächtnis bleibt. Da ist nichts, woran sie sich heute erinnert.

Dann ist es vorbei.

Ronja geht nicht mehr zum Arzt, es gibt keinen Termin zur Nachsorge. Der Arzt in Osnabrück hat ihr eine Handynummer gegeben und gesagt, sie solle anrufen, wenn etwas sei, wenn sie starke Blutungen bekomme oder schlimme Schmerzen. Irgendwann viel später geht Ronja zu ihrer Frauenärztin und lässt sich eine Langzeitverhütung verschreiben. Mitte Oktober beginnt Ronja wieder zu studieren. Nicht Mathematik, sondern Jura.

Heute arbeitet Ronja als Doktorandin, seit wenigen Monaten lebt sie zusammen mit ihrem Freund in Bielefeld. Die beiden lernen sich im Mai 2019 kennen, schnell verbringt Ronja viel Zeit hier, den ganzen Sommer in seiner Wohnung, ist kaum noch in ihrem WG-Zimmer. Zuerst ist sie sich unsicher, ob es eine gute Idee ist, direkt hierher, zu ihm, in seine Wohnung zu ziehen. »Dann hat das alles aber doch ganz gut geklappt.« Sie lächelt, zum ersten Mal an diesem

Nachmittag. Ihrer Augen wirken weich, größer als zuvor. Eigentlich spricht sie nie über ihre Abtreibung. Während des Studiums macht sie eine Psychotherapie. Erst nach zwei Jahren erzählt sie ihrer Therapeutin, dass sie eine Schwangerschaft abgebrochen hat. »Es war für mich kein relevanter Punkt. Und es war vor allem nichts, was ich jemandem hätte erzählen wollen.«

Vor einigen Wochen hat sie ihrem Freund davon erzählt. Sie hatte große Angst vor dem Gespräch. »Ich konnte seine Reaktion nicht abschätzen. Weil ich bisher so gut wie nie darüber geredet habe, war das Thema, das Erlebte, riesig groß und schwer. Ich habe mir ausgemalt, was alles passieren könnte, wenn ich ihm sage, was war. Wie er es aufnimmt. Und was er dann von mir denkt.« Zugleich konnte sie sich überhaupt nicht vorstellen, dass es schlecht läuft, dass er negativ reagiert.

Hat er auch nicht. Im Gegenteil. Er hat es wunderbar aufgefangen. Mit großem Verständnis. Und mit sehr viel Ruhe. »Im Nachhinein betrachtet, war es ein sehr schönes Gespräch.« Ronja merkt, dass ihr Freund sie unterstützt. Ganz allgemein, in dem, was sie tut. Und speziell in dieser Entscheidung – gegen die Schwangerschaft, für die Abtreibung. Es tut gut zu merken, dass er da ist. Dass er ihre Entscheidung respektiert und versteht. Dass alles gut ist. Bis dahin war ihre Abtreibung die einzige Sache, die sie ausgelassen hat. Immer. In jedem Gespräch. Ansonsten haben die beiden über alles Mögliche aus der Vergangenheit geredet. Aber den Abbruch hat Ronja immer verschwiegen. Sie will nicht die sein, die abgetrieben hat, als wäre es ein großer

Makel. Genau so kommt es ihr oft vor in der öffentlichen Debatte und weil sie es selbst verschweigt. Es kommt ihr so vor, als wäre es etwas Schwerwiegendes. Etwas, das an einem hängt und einen beschwert. Etwas, das nicht sein darf.

»Aber wir müssen endlich anfangen, darüber zu sprechen.« Es benennen, davon erzählen. Sie spürt seit Langem das Bedürfnis, darüber zu reden. In einem persönlichen, privaten Kontext fällt es ihr bisher sehr schwer. »Ich dachte immer, es würde negativ auf Leute wirken.« Skurril, dass sie so denkt, findet Ronja. Denn sie selbst hat nie so über andere gedacht. Oder geurteilt. Auch vor ihrer Abtreibung nicht. Liest, hört, sieht sie Berichte über andere Frauen, die abgetrieben haben, denkt sie nie etwas Negatives. Und wollte trotzdem immer vermeiden, dass andere – egal, ob fremd oder nah dran – über sie urteilen.

Ihr Schwangerschaftsabbruch ist untrennbar mit dem Erzeuger verbunden. Mit dem Abend, an den Ronja nie mehr denken will. Und über den sie nie wieder reden will. Ihr Freund wusste es vorher schon. Irgendwann hat sie ihm anvertraut, was damals passiert ist. Von der Abtreibung hat sie aber nichts gesagt. »Deswegen ging das überhaupt, deswegen konnte ich ihm vor Kurzem von meiner Abtreibung erzählen. Ich hätte damals nicht von zwei Erlebnissen, die beide sehr belastend sind, auf einmal erzählen können. Das war unmöglich für mich.«

Früher, als Teenager, als junge Frau, fühlte sich Ronja nie besonders weiblich. In der Schule interessierte sie sich für Fußball und Technik, die Themenkreise der Mädchen waren für sie weit weg. »Ich habe mich schon vor dem Abbruch sehr dagegen gesperrt. Das, was passiert ist, hat es nicht besser gemacht.« Erst in den vergangenen Jahren hat sich das langsam verändert. »Dass ich mich daran gewöhnt habe. Dass ich mich damit wohlgefühlt habe, weiblich zu sein.« In den nächsten Jahren möchte Ronja eine Familie gründen. Das wusste sie schon lange vor ihrer Abtreibung. Dass sie Kinder möchte. Mutter werden. Irgendwann. Aber nicht in diesem Umfeld, nicht in so einer Situation. Sie wollte ihre Ausbildung beenden, einen Studienabschluss haben, etwas erreicht haben für sich. »An diesem Punkt bin ich jetzt. Ich weiß, dass ich in den nächsten Jahren gerne Kinder hätte.«

Die mediale Diskussion um das »Werbeverbot« und § 219a StGB verfolgt Ronja aufmerksam. Sie liest sehr viel darüber, auch die Kommentare im Internet, und merkt dabei immer wieder, dass ihr das eigentlich nicht guttut. Weil darin so viel verurteilt wird. Die Menschen meinen, schreiben, in dieser Lebenssituation ist es okay, abzutreiben, in jener aber nicht, dann geht es und darum geht es nicht ... »Ich habe mich damit oft sehr schlecht gefühlt, weil ich dachte, ich hätte irgendwas falsch gemacht. Auf einer sehr abstrakten Ebene – denn für mich selbst sehe ich das überhaupt nicht so. Die Abtreibungsgegner sind oft meinungsstärker, lauter. So entsteht der Eindruck, mehr Leute seien dagegen, als tatsächlich der Fall ist.« Ronja bekommt immer wieder den Eindruck, sehr viele Menschen hätten ein riesengroßes Problem mit Abtreibung. Damit fühlt sie sich schlecht.

Einmal kommt es während des Mittagessens mit Arbeitskollegen zu einer Diskussion über Schwangerschaftsabbrüche. Niemand hat irgendwelche Vorbehalte dagegen. »Auch sonst, wenn das Thema irgendwo mal aufkommt, habe ich noch nie gemerkt, dass Leute, mit denen ich persönlich spreche, große Vorbehalte gegen Abtreibungen haben.« Dann beteiligt sich Ronja aus der Vogelperspektive, neutraler Blick von oben. Sie spricht über das Thema, vertritt ihre Meinung, aber sie erzählt nie ihre eigene Geschichte. Allerhöchstens mal in der Form ›Ich kenne jemanden, der abgetrieben hat‹.

Ronja ist heute sehr erleichtert darüber, wie es damals, im September 2014, gelaufen ist. »Es war knapp und ich bin froh, dass mein Hausarzt die Schwangerschaft rechtzeitig erkannt hat. Ich bin froh, dass ich noch selbst entscheiden konnte, was ich mache. Wäre ich eine Woche später zum Arzt gegangen, hätte ich die Schwangerschaft austragen müssen. Und ich bin mir sicher, es wäre mir damit sehr schlecht gegangen.« Sie ist auch erleichtert, dass sie in dem Ganzen nicht verurteilt wurde. Von keiner Seite. Dass ihr alle um sie herum geholfen haben zu tun, was sie tun wollte. Darum ist sie heute damit eigentlich sehr froh, dass alles so war, wie es war. Auch, um sich selbst zu schützen, denkt sie nicht daran, was sonst gewesen wäre. Wenn sie das Kind hätte zur Welt bringen müssen. »Ich weiß überhaupt nicht, wie das hätte funktionieren sollen. Ich wäre jeden einzelnen Tag damit konfrontiert gewesen, was passiert ist. Und es war damals sowieso schon eine sehr herausfordernde Zeit in meinem Leben. Nein. Es war nicht die beste.«

LENA MEIER

**»ICH WEISS NICHT,
OB ICH ES MIR ANDERS ÜBERLEGT HÄTTE,
WENN ER DA GEWESEN WÄRE.
WENN ER ALLES MEHR MITBEKOMMEN HÄTTE.
OB ICH ES MIR DANN NOCH MAL
ÜBERLEGT HÄTTE ODER WIR.«**

Freitag am frühen Nachmittag, das neue Jahrzehnt ist noch nicht alt. Die Sonne strahlt vom eisblauen Himmel über München, zum ersten Mal seit Tagen. Wir treffen Lena an der Isar, unter der Brücke rauscht leise das Wasser. Wir gehen in ein kleines Café in der Nähe, auf der ruhigen Flussseite. Lena trägt Wollschal und Ledertasche, sie trinkt Espresso mit aufgeschäumter Hafermilch. Zwischen den Worten, Sätzen, macht Lena lange Pausen. Sie wählt ihre Worte ruhig.

Lenas Geschichte beginnt auf der anderen Seite der Erde. Brasilien im Juli 2018, mitten im Winter. Vor einem Jahr hat Lena zu Hause in München eine Ausbildung zur Übersetzerin begonnen. Nun verbringt sie ein sechswöchiges Praktikum bei einem Urkundenübersetzer, lernt, Sterbe-, Geburts- und Heiratsurkunden vom Portugiesischen ins Deutsche zu übersetzen.

Lena ist verliebt. In Isaac. Seit eineinhalb Jahren führen die beiden eine Fernbeziehung, Deutschland – Brasilien. Sie sehen sich nur selten, meist monatelang nicht. Lena ist 24 Jahre alt, in wenigen Tagen hat sie Geburtstag, wird 25. Isaac ist Brasilianer, zehn Jahre älter als sie. Er lebt in Florianópolis und schreibt seine Doktorarbeit in Computer Science. Sechs Wochen lang wohnt Lena bei ihm, ihr Praktikum ist schon beendet, es ist kurz vor Ende ihres Aufenthalts, in ein paar Tagen wird sie zurück nach München fliegen. Zuvor steht eine große Familienfeier an. Isaacs Mutter feiert ihren 60. Geburtstag, seine Eltern wohnen in einer anderen Stadt, Lena und Isaac sind angereist und übernachten zunächst bei den Eltern.

»Es war eine völlig verrückte Situation. Ich war so weit weg von zu Hause und alles um uns herum war sehr chaotisch.« Lena trifft Isaacs Großfamilie zum ersten Mal, lernt alle auf einmal kennen. Es herrscht große Aufregung, Isaacs Vater hatte einen Tag zuvor gemeinsam mit einem engen Freund einen schlimmen Bootsunfall. Der Freund ist gestorben, Isaacs Vater hat überlebt. »Es war alles auf einmal.«

Seit ein paar Tagen schon bekommt Lena ihre Periode nicht, wartet, aber macht sich kaum Gedanken. Ihre Periode kommt eh immer unregelmäßig. Vor drei oder vier Jahren äußert ein Gynäkologe den Verdacht auf PCO-Syndrom, polyzystische Ovarien. »Irgendwie hat sich dieser Verdacht, die Vermutung und was ich darüber gelesen habe, damals so angefühlt, als könne ich keine Kinder bekommen. Deswegen habe ich damit auch nicht gerechnet. Es war eine Sache, von der ich gedacht hab: Okay, das passiert anderen, aber das passiert nicht mir.«

Sie macht sich keine Gedanken. Seit ein paar Tagen spürt sie ein Ziehen im Unterleib, denkt, alles klar, dann bekomme ich eben bald meine Tage. Aber sie kommen nicht und Isaac macht sich Gedanken. Er sagt, sie solle lieber einen Test machen. »Und dann habe ich das gemacht.«

27. Juli 2018. Die beiden sind im Hostel, bei den Eltern wollte Lena nicht bleiben, die Familie ist aufgeregt wegen des Unfalls und des Geburtstags und es ist einfach zu viel los. »Ich hab ihm gesagt, wenn du willst, dass ich einen Test mache, dann geh ihn kaufen.« Der Schwangerschaftstest besteht aus einem einzelnen Pappstreifen und einem kleinen Becherchen aus Plastik. Ein Streifen, ein ganz einfacher Test. Lena geht aufs Gemeinschaftsklo.

»Und dann kam ich da raus, er stand in der Küche des Hostels, der Test ist positiv, hab ich gesagt.« Sie bemerkt erst jetzt, da steht noch jemand anders hinter ihr, Gemeinschaftsküche. Die beiden gehen hoch aufs Zimmer, wo Lena in Tränen ausbricht. »Ich war völlig außer mir. Diese ganze Situation hat sich völlig unecht angefühlt. Und ich war wütend. Auf ihn!« Lena schickt ihren Freund los, um einen zweiten Test zu kaufen. Auch der ist positiv. Blitzschnell übernimmt ihr Kopf: Sie muss sich sofort um eine Lösung für dieses Problem kümmern. Ihre Mutter in München anrufen, sie bitten, einen Termin bei Lenas Frauenärztin zu vereinbaren, so schnell wie möglich nach ihrer Rückkehr. »Es war so abstrakt. Es hat sich überhaupt nicht so angefühlt, als wäre das wirklich ich, die diesen Moment erlebt.« Lenas einziger Gedanke: So was passiert mir doch nicht!

Seit einigen Jahren ist Lenas Grundeinstellung: »Sollte ich jetzt schwanger sein, will ich es nicht haben. Das war immer mein Credo.« Einerseits weiß Lena nicht genau, ob sie überhaupt Kinder will. Andererseits fühlt sie sich noch nicht bereit. Sie fühlt sich viel zu jung, zu unreif, irgendwie, hat gerade das erste Ausbildungsjahr abgeschlossen. »Ich wusste nur: Ich möchte das noch nicht. Oder vielleicht auch überhaupt nicht. Es war völlig klar für mich, dass ich zum Frauenarzt gehe und alles in die Wege leite.« Lena sitzt auf dem Fußboden des Hostelzimmers. Sie weint, versucht vergeblich, ihre Mutter zu erreichen. Isaac ist bei ihr, sichtlich nervös, versucht vergeblich, Lena zu beruhigen. Sie ist wütend. Auf ihn, auf die Situation, darüber, dass er sie in diese Situation gebracht hat. »Ich will es nicht«, sagt Lena zu Isaac. »Ich rufe meine Mama an, damit sie mir einen Termin macht. Ich will eine Abtreibung!« Ihre Worte treffen ihn scharf. Isaac ist älter als Lena und hätte sich gut vorstellen können, ein Kind zu bekommen. Zudem ist eine Abtreibung in Brasilien schwieriger als in Deutschland. Hätte Isaac allein entscheiden können, hätte er sich für ein Kind entschieden. Lena will es nicht. Jetzt erst recht. Sie lässt sich von ihm nicht reinreden, auf keinen Fall. Lena hat ihre klare Haltung. Seit Jahren eine Überzeugung: Sollte es mal passieren, sollte sie ungewollt schwanger werden, wird sie abtreiben.

Als Lena ihre Mutter erreicht, nimmt sie es ganz ruhig auf. Sagt, wir schaffen das schon. Sagt auch, dass sie sich freuen würde, gern Enkelkinder hätte. Und dass sie Lena beisteht, wenn sie es nicht bekommen will. Lenas Mutter hatte, als sie in Lenas Alter war, Mitte zwanzig, auch einen Schwangerschaftsabbruch. Davon hat sie Lena schon vor langer Zeit erzählt.

Nach dem Telefonat fahren Lena und Isaac zu einer Polizeistation, wo Isaacs Vater eine Aussage zum Unfallhergang abgeben muss. Er steht unter Schock, weil sein Freund bei dem Unfall gestorben ist. Lena fühlt sich überfordert mit der Situation. Sie bemüht sich, nicht zu weinen, hält die Tränen zurück, irgendwie. Irgendwann hält sie es im Polizeigebäude nicht mehr aus, geht vor die Tür, hält Small Talk mit Isaacs Schwager. »Ich will einfach nur nach Hause, nach Hause, nach Hause. Ich will nicht mehr hier sein«, hämmert es in Lenas Kopf. Sie will Ruhe, Abstand von all den Menschen, endlich allein sein. »Wir konnten es auch niemandem in der Familie erzählen, das wollte ich auf keinen Fall. Ich wollte nicht, dass sie es wissen. Weil ich mir gedacht habe, dass sie meine Einstellung, meine Entscheidung, nicht verstehen werden.«

Zwei Tage später fliegt Lena zurück nach Hause. Während des Rückflugs riecht alles um sie herum. Viel intensiver als sonst. Sie sitzt zehn Stunden im Flugzeug zwischen hundert Menschen und ihrem Duft nach Deo und Schweiß, Essen in Aluboxen und fettigen Soßen in künstlicher Luft. Auch im Zug vom Frankfurter Flughafen nach München scheinen sich die Reisenden zu stark parfümiert zu haben.

Seit Lena weiß, dass sie schwanger ist, fällt ihr auf, wie erschöpft sie in den vergangenen Wochen oft war. »Ich habe mich abends um acht oder neun Uhr ins Bett gelegt und bin augenblicklich eingeschlafen. Mein Körper war bleischwer.« Sie spürt ein Ziehen im Unterleib, ist kurzatmig, morgens ist ihr übel.

Lenas Mutter holt sie am Bahnhof ab, es ist nach Mitternacht, und bringt sie zu sich nach Hause und erst mal nicht in die WG, in der Lena eigentlich wohnt. Lenas Mitbewohnerin kommt am nächsten Tag vorbei. »Ich habe ihr erzählt, dass ich schwanger bin, und ihre Reaktion war: ›Oh! Wow! Ein WG-Baby!‹ Das war schön«, sagt Lena. Und lächelt.

Lenas Vater sagt, dass er sich freuen würde, wenn sie das Kind behielte. Auch Lenas Bruder, von dem sie so eine Reaktion eigentlich gar nicht erwartet hätte, sagt, er würde sich freuen. »Kannst du es dir nicht doch vorstellen?«, fragt er. »Es wäre doch schon schön!« Lena nimmt die Reaktionen nicht als Druck wahr, sondern als Unterstützung. Sie spürt, die Leute, die ihr wichtig sind, sind da. Auch unabhängig von ihrer Entscheidung.

Ein paar engen Freunden, die sie in dieser Zeit sieht, erzählt sie von ihrer Schwangerschaft. Obwohl sie Angst vor deren Reaktion hat, will sie erzählen, was los ist, was sie erlebt und bewegt. »Ich hab erzählt, dass ich schwanger bin, aber habe immer gleich dazugesagt, dass ich schon einen Termin für den Eingriff habe.« Alle haben geantwortet, dass sie Lena verstehen können. Und dass sie für sie da sind. Lenas Entschluss steht fest. »Die verständnisvollen Reaktionen, die Freude, beides fand ich schön. Gleichzeitig auch traurig.« In diesen Momenten denkt sie manchmal, ganz vorsichtig, was wäre, wenn ich es doch behalte? Aber ihr Entschluss stand fest. »Ich war festgefahren in dieser Entscheidung abzutreiben.«

Am Tag nach ihrer Ankunft hat Lena einen Termin bei ihrer Frauenärztin. Die macht zuerst einen Schwangerschaftstest. »Ich habe so gehofft, dass die brasilianischen Tests falsch waren.« Waren sie nicht. Auch mit Ultraschall bestätigt die Ärztin: Lena ist schwanger. Und Lena sagt ihrer Ärztin sofort, dass sie eine Abtreibung will. Die Ärztin erklärt ihr daraufhin sachlich die nächsten Schritte. Dass Lena zuerst einen Termin bei Pro Familia ausmachen muss. Und dann bei einem dieser Kollegen, sagt sie und gibt Lena eine Liste verschiedener Ärzte, die Schwangerschaftsabbrüche durchführen. »Eine Praxis auf der Liste hat sie mir besonders empfohlen, eine Frau. Meine Ärztin war total ruhig, hat überhaupt kein Drama daraus gemacht, sie war ganz sachlich.«

Draußen vor der Tür wartet Lenas Mutter, umarmt sie, Lena weint. Zu Hause telefoniert Lena sofort mit Isaac, bevor sie die weiteren Termine ausmacht. Direkt am Folgetag: Pro Familia in München. »Es war eine sehr seltsame Situation.« Eine Frau begrüßt Lena, sie ist sehr nett und irgendwie ist es okay. Trotzdem. Komisch.

Die Frau versucht überhaupt nicht, ihr reinzureden. Sie fragt nach Lenas Situation und ob es äußere Umstände gibt, die Lena davon abhalten, das Kind behalten zu wollen. »Nein«, sagt Lena, »ich könnte es machen, wenn ich wollte. Ich habe Unterstützung von meiner Familie. Aber ich will es halt einfach nicht.« Für Lena ist es komisch, einer fremden Frau das alles erzählen zu müssen. Warum sie da ist, warum sie den Beratungsschein braucht. »Für mich war die ganze Situation ein Ausnahmezustand. Ich habe mir gedacht, ich muss da jetzt durch, ich erzähle ihr jetzt einfach, was ist, und dann gehe ich ganz schnell wieder.« Das Gespräch dauert nicht lange, eine halbe Stunde vielleicht.

Am nächsten Tag hat Lena einen Termin zum Vorgespräch bei der Gynäkologin, die Lenas Ärztin ihr empfohlen hat. Die, die Abtreibungen durchführt. Die Praxis liegt mitten in München, eine normale Frauenarztpraxis. Die Ärztin ist um die 50, erklärt, welche Möglichkeiten es gibt, einen medikamentösen Abbruch oder einen operativen Eingriff. Sie erläutert die jeweiligen Risiken und den medizinischen Rahmen. Lena möchte es operativ machen lassen. »Die Ärztin war sehr kühl und sachlich. Sehr kompetent, ich habe mich auf jeden Fall gut aufgehoben gefühlt. Aber was sie erklärt hat, hat sich schon brutal angehört. Und für sie war es so etwas Alltägliches. Es hat für mich nicht zusammengepasst, mit dem, was ich fühle.«

Die Ärztin operiert immer freitags, nicht in ihrer Praxis, sondern in einem externen OP-Zentrum. Heute ist Donnerstag. Lenas Beratungstermin bei Pro Familia ist noch keine zwei Tage her. Er wäre also morgen, am Freitag, noch nicht drei Tage her, das ist also zu kurzfristig. Lena bekommt einen Termin für den Freitag darauf. Anschließend geht sie sofort weiter zur Krankenkasse und beantragt eine Kostenübernahme. »Ich war unendlich müde und musste von einem Termin zum nächsten laufen, ständig mit fremden Leuten reden und irgendwelche Sachen erledigen.«

Münchner Sommer, Anfang August. Es ist heiß, die Sonne brennt, die stickige Luft klebt auf der Haut, das Atmen fällt Lena schwer. Sie verbringt viel Zeit im Haus ihrer Mutter. In Lenas Vierer-WG wuselt ständig jemand herum, ein Mitbewohner hat Besuch und Lena nicht allen erzählt, dass sie schwanger ist. Dass sie abtreiben wird.

Bei ihrer Mutter schläft sie oben in einem Zimmer unter dem Dach, wo sich die Hitze staut. Sie wacht im Morgengrauen auf, ihr ist speiübel. Isaac und Lena telefonieren in diesen Tagen sehr viel. Sie erzählt ihm von jedem Arztbesuch, vom Termin bei der Beratungsstelle, was sie machen muss, was geplant ist. Wie es ihr geht. Sie weiß nicht, wie es gewesen wäre, wenn Isaac während der zwei Wochen zwischen Schwangerschaftstest und Eingriff bei ihr in München gewesen wäre. Und fragt sich, ob das irgendetwas geändert hätte. »Ich wünsche mir heute, ich hätte damals mehr darüber nachgedacht. Ich wünsche mir heute, ich hätte mir mehr zugestanden, über eine andere Möglichkeit nachzudenken. Darüber, dass ich die Schwangerschaft nicht abbrechen muss. Dass ich das Kind bekommen könnte. Aber in meinem Kopf war felsenfest: Ich werde abtreiben.« Es war keine Option für sie, eine andere Entscheidung zu treffen. »Ich hätte die zwei Wochen zwischen Test und Abtreibung eigentlich gerne irgendwie genutzt. Oder auch genossen.« Vielleicht verkläre sie es im Nachhinein. Aber eigentlich seien diese zwei Wochen auch schön gewesen. »Es ist ein krasses Gefühl, schwanger zu sein.« Wenn Lena heute daran denkt, hätte sie es sich gern mehr erlaubt, das Schwangersein mehr zugelassen. »Ich weiß nicht, ob ich es mir anders überlegt hätte, wenn Isaac da gewesen wäre. Wenn er alles mehr mitbekommen hätte. Ob ich es mir dann noch mal überlegt hätte. Oder wir.«

Isaac steckt zu Hause in Brasilien mitten in der heißen Phase seiner Doktorarbeit. Trotzdem fliegt er nach München, um während der Abtreibung bei Lena zu sein. Don-

nerstagmorgen: Vierundzwanzig Stunden vor dem Eingriff muss Lena eine Tablette schlucken, als Isaac gerade in Brasilien ins Flugzeug steigt. »Ich habe noch gedacht, wie komisch es ist, er ist zwar unterwegs, wenn ich die Tablette nehme, die alles einleitet. Aber er ist noch nicht da.« Sie weint, als sie das realisiert. Lena hält an ihrer Entscheidung fest. Sie schluckt die Tablette und fährt gemeinsam mit einer Freundin an den Ammersee, Abkühlung von der Augusthitze. Am späten Donnerstagnachmittag kommt Isaac an, sie verbringen den Abend gemeinsam mit Lenas Mutter, gehen früh schlafen, Lena muss vor dem Eingriff nüchtern bleiben.

Am Freitag um halb acht ist ihr Termin. Gemeinsam mit Isaac und ihrer Mutter fährt Lena zum OP-Zentrum. Im Wartezimmer sind außer ihnen noch drei Leute, eine sehr junge Frau gemeinsam mit ihrer Mutter. »Die steht jetzt auch davor«, denkt Lena. Ein komisches Gefühl. Sie wird aufgerufen und folgt der Arzthelferin. »Irgendwie ging ich davon aus, dass ich vor dem Eingriff noch mal zurück ins Wartezimmer komme. Darum hab ich mich gar nicht mehr von Isaac und meiner Mama verabschiedet.« Ein Anästhesist bespricht mit Lena die Narkose, sie bekommt ihre OP-Kleidung. Drunter trägt sie ihr Lieblings-T-Shirt. Vorne drauf ist die Figur eines Mädchens gestickt, das seine Arme ausbreitet, als lehnte sie sich gegen den Wind.

Sie wird auf einer Liege geschoben und weiß, gleich kommt die Vollnarkose, Lenas erste im Leben, dann machen die Ärzte etwas mit ihr und »ich bin eigentlich gar nicht da«. Es geht alles sehr schnell, Narkose und auf einmal ist sie wieder wach. Neben Lena lag eine andere Frau im Aufwachraum, gegenüber die junge Frau aus dem Wartezimmer. Lena trägt ihre Brille nicht, sie ist kurzsichtig, ihr Umfeld verschwommen. »Es war furchtbar. Ich bin aufgewacht und war einfach nur unendlich traurig. So unglaublich leer. Und allein.« Lena will so schnell wie möglich raus aus diesem Raum mit fremden Menschen. Sie will nicht warten, worauf denn schon? »Ich hab die ganze Zeit nur gedacht, jetzt ist es vorbei. Das war schlimm. Zu spüren, das war's. Das war es jetzt wirklich.« Die Ärztin kommt zu ihr, sagt, es sei alles gut gelaufen, sie bekommt eine Schmerztablette, trinkt einen Schluck Wasser. Es ist halb zehn.

Zu Hause legt sich Lena ins Bett. Sie weint. Isaac legt sich zu ihr, nimmt sie in den Arm. »Wir haben zusammen getrauert.« Am Tag darauf kommt Lenas Großmutter aus Köln zu Besuch, das war schon lange geplant. Am 12. August hat Lenas Bruder Geburtstag, am 14. August sie selbst. Ihr will Lena auf keinen Fall sagen, dass sie abgetrieben hat. Sie würde sich große Sorgen machen, so ist die Oma, das war Lena zu anstrengend. Also war das Thema schnell vom Tisch. Lena blendet es aus. »Es ist sowieso vorbei, hab ich mir gedacht.«

Nicht mehr dran denken. Nicht mehr dran denken.

Ihre Abtreibung hat ihre Beziehung zu Isaac verändert. Es ist ernsthafter geworden zwischen ihnen, fester. Lena hat gemerkt, dass sie es sich eigentlich vorstellen könnte, mit Isaac ein Kind zu bekommen. Dass sie es unter anderen Umständen schön gefunden hätte. Heute, drei Jahre später, sind die beiden nicht mehr zusammen und Lena ist froh darüber, dass die beiden kein Kind verbindet.

Isaac bleibt noch eine Woche in München, bevor er zurück nach Brasilien fliegt. »Wir haben uns daraufhin fünf Monate lang nicht gesehen. Es war irgendwie alles kein Thema mehr. Danach. Schwangerschaft, Abbruch, diese zwei Wochen im August waren plötzlich total weit weg.« Als wäre es jemand anders passiert, nicht Lena. Sie denkt kaum noch an die Abtreibung, und wenn, dann ist das Erlebte abstrakt. Als würde es sie nicht selbst, sondern jemand ganz anders betreffen.

Während sie wusste, dass sie schwanger war, hat sich Lena als Teil einer besonderen Gruppe gefühlt. Als würde sie nun auch dazugehören. Zu denjenigen, die wissen, wie es ist, schwanger zu sein. »Das war ein schönes Gefühl. Ein erhabenes Gefühl. Ich habe mich sehr weiblich gefühlt. Daran denke ich gern zurück. An dieses: Ich kann alles schaffen! Das war unheimlich schön. Ich bin froh, diese Erfahrung gemacht zu haben. Ich bin froh, dass es passiert ist.« Direkt danach, in den Spätsommerwochen 2018, will Lena das unbedingt eines Tages ganz erleben, irgendwann. Heute ist sie unsicher, ob sie überhaupt Kinder haben möchte.

Ein halbes Jahr später wird eine Freundin von Lena schwanger. Die Erste im Freundeskreis, die es durchgezogen hat. »Das war schwierig für mich. Meine Freundin war eigentlich in denselben Lebensumständen wie ich. Aber sie hat es gemacht. Sie hat es einfach durchgezogen.« Lena weint. Alle um die Freundin herum haben sich gefreut. Und über nichts anderes mehr geredet. »Hey!«, will Lena am liebsten rufen. »Ich habe es auch erlebt. Ein bisschen jedenfalls.« Aber sie kann es nicht sagen, die Gedanken nicht aussprechen. »Denn meine Freundin kriegt ja das Kind. Und ich habe es nicht bekommen.«

JANINE WIESER

»VIELLEICHT IST ES ABER AUCH EIN SUBVERSIVER AKT, SICH ALS GEBÄRFÄHIGE FRAU IM GEBÄRFÄHIGEN ALTER GEGEN EINE SCHWANGERSCHAFT, DIE EXISTIERT, ZU ENTSCHEIDEN«

Köln. Ein Donnerstagnachmittag im Januar 2020. Es ist kalt und leer auf den Straßen, ab und zu fällt ein bisschen Regen. Scharfer Wind weht über den Weiher nahe dem Museumscafé, in dem wir mit Janine verabredet sind. Nahezu alle Tische sind besetzt. Stimmengewirr, eine Schulklasse besucht die Ausstellung. Am Nachbartisch sind drei ältere Damen in ein Kartenspiel vertieft, sie essen Schokoladenkuchen und trinken Tee. Janine Wieser ist 36 Jahre alt. Feministin. Thai-Boxerin. Sterbe- und Trauerbegleiterin. Sie trägt schwarze Kleidung, verwendet einen Stoffbeutel anstelle einer Handtasche. Ihre Augen sind mit schwarzem Kajal umrandet. Sie spricht schnell und entschlossen. Ihre Stimme klingt kraftvoll. Laut, wenn sie etwas betont.

Vor über zehn Jahren, im März 2009, hat Janine abgetrieben. Wenn sie von dieser Zeit spricht, verwendet sie die Worte »Embryo« anstatt »Baby« und »mein damaliger Partner« anstelle von »Vater«. Denn für Janine sind beide Begriffe falsch. Für Janine war es kein Baby. Und er kein potenzieller Vater. Das klarzustellen, ist der 36-Jährigen wichtig.

Damals hat Janine gerade begonnen, Ethnologie und Pädagogik zu studieren. Die Beziehung zu ihrem damaligen Partner ist noch frisch – vielleicht einige Monate alt. Bereits sehr früh nach der Empfängnis bemerkt Janine, dass sie schwanger ist. Ihr Körper fühlt sich anders an, vor allem ihre Brüste schmerzen.

»Das hatte ich bisher noch nie. Ich habe meinem Freund dann davon erzählt, ihm gesagt, dass irgendwas nicht stimmt, dass ich mich anders fühle. Er meinte, das sei wahrscheinlich nur PMS.«

Aber Janine spürt deutlich: Nein, das ist es nicht. Sie hatte noch nie PMS – kein einziges Mal in ihrem Leben. Janine wartet ab. Sie ist sehr ungeduldig, rastlos, hält die Ungewissheit nur ein paar wenige Tage lang aus. Ihre Brüste sind immer noch hart, sie schmerzen und spannen. »Eigentlich habe ich damals ziemlich sicher gewusst, warum: Ich bin schwanger.«

Seit Jahren verhütet Janine entweder natürlich oder mit Kondom. Sie hat nie die Pille genommen, wollte auf keinen Fall hormonelle Verhütungsmittel nutzen. In ihrer vorherigen Beziehung war sie mit einer Frau zusammen, da war Verhütung ohnehin kein Thema. Sie hat bereits mehrmals in ihrem Leben Schwangerschaftstests gemacht und jedes Mal gehofft: »Bitte nicht! Bitte nicht! Bitte nicht!« Unruhe treibt sie um. Janine besorgt sich einen Frühtest, den sie allein in der Wohnung ihres Freundes macht. Es ist ein Donnerstagvormittag im März. Der Test ist positiv. Zwei schmale Striche hinter einem kleinen Plastikfenster, die für Janine die Hölle bedeuten. Für sie ist sofort völlig klar: Jetzt muss sie abtreiben, jetzt muss sie durch einen Abbruch durch. Janine will kein Kind haben. Damals nicht und heute auch nicht. Sie ist zwar nicht radikal gegen ein Kind in ihrem Leben. Aber bis zu diesem Zeitpunkt hatte sie noch nie das Bedürfnis danach.

»Für mich war bis dahin bei jedem Test, den ich gemacht habe, klar: Wenn ich jetzt schwanger bin, werde ich es nicht austragen.« Janine hat eine klare Haltung. »My body, my choice.«

»Selbstverständlich wollte ich das nie machen! Ich wollte keinen Abbruch, wollte da nicht durchmüssen. Ich wusste, was institutionell und bürokratisch auf mich zukommt, da ich mich schon früher intensiv mit dem Thema Abtreibung beschäftigt habe.«

Schon vor Jahren hat Janine Bücher gelesen, in denen es um patriarchale Gewalt und Bemächtigung des weiblichen Körpers geht – von Simone de Beauvoir und Judith Butler. Sie ist gut informiert, kennt die medizinischen Möglichkeiten. Sie weiß, dass sie entweder medikamentös oder operativ abtreiben kann. Dass sie zu einer Beratungsstelle muss, dass es anschließend eine gesetzlich vorgeschriebene Bedenkzeit von drei Tagen gibt. Und dass es finanziell irgendwie machbar ist, wenn man studiert, da die Krankenkasse dann die Kosten übernimmt. Was Janine jedoch noch nicht weiß: wie Ärztinnen und Ärzte reagieren werden. Dass es schwierig sein wird, jemanden zu finden, der medikamentöse Abbrüche vornimmt. Und dass alles mehr oder weniger unter der Hand gemacht wird.

Nach dem ersten Schock über die beiden blassrosa Streifen im Ergebnisfenster ruft Janine ihre Schwester an. Die beiden stehen sich sehr nahe. Für Janine war ihre Schwester schon immer ihr allernächster Mensch – »die Liebe meines Lebens«, wie sie sagt. Sie weiß, dass ihre Schwester sie unterstützen wird – komme, was wolle.

»Meine Schwester ist von uns beiden immer die mit dem kühlen Kopf in Extremsituationen. Sie bleibt rational, holt mich runter, analysiert die Situation, wägt ab. Sie hat mich auch damals erst mal wieder beruhigt und gesagt: ›Ich bin für dich da, egal, was passiert. Wir kriegen das hin.‹ Sie wusste, dass ich auf keinen Fall ein Kind bekommen will. Für sie war klar, wir gehen jetzt gemeinsam durch diesen Abbruch. Und das haben wir dann auch getan.«

Als Nächstes ruft Janine ihren Freund auf der Arbeit an. Er sagt, er komme so schnell wie möglich nach Hause. Seine ruhige, fürsorgliche Reaktion überrascht sie.

Wenig später sitzen die beiden nebeneinander auf dem Sofa. Er hält sie fest im Arm, Janine weint. »Ich wollte nicht in dieser Situation sein! Ich wollte das nicht machen müssen! Ich wusste ja ungefähr, was auf mich zukommt. Aber es ist halt so gewesen und jetzt musste ich da durch.«

Ihr Freund weiß, wie Janine zu einer Schwangerschaft steht und dass sie keine Mutter werden will. »Wenn du das Kind bekommen willst, werde ich Vater«, sagt er. »Und wenn du abbrechen willst, zahle ich den Abbruch.« Er überlässt ihr die Entscheidung, will sie unterstützen, egal, was sie tut. Wieder ist Janine überrascht. »So viel Verständnis, so viel Offenheit und Wärme hatte ich irgendwie nicht erwartet. Ich habe die ganze Zeit neben ihm gesessen und habe immer wieder den Kopf geschüttelt und gesagt: ›Nee. Nee!

Ich will nicht Mutter werden. Ich werde keine Mutter. Ich werde kein Kind bekommen.‹«

Noch am selben Tag ruft Janine ihre Gynäkologin an. »Ich bin schwanger«, sagt sie der Sprechstundenhilfe ohne Umschweife am Telefon, »und ich möchte einen Abbruch.« Janine bekommt einen Termin für den nächsten Tag, ein Freitag. »Ich wollte das einfach alles so schnell wie möglich machen. Es gab für mich überhaupt keinen Grund, noch mehr Zeit vergehen zu lassen.«

Am nächsten Tag geht Janine in Begleitung ihrer Schwester zur Frauenärztin. Diese macht einen Bluttest und bestätigt: »Ja, Sie sind schwanger.« Janine hatte also von Anfang an das richtige Bauchgefühl, und auch der Selbsttest hatte richtiggelegen. »Wenn Sie das Kind nicht bekommen wollen, müssen Sie hier um die Ecke zu Donum Vitae zur Beratung gehen. Ich gebe Ihnen eine schriftliche Bestätigung mit, dass Sie schwanger sind. Lassen Sie sich dort einen Termin geben. Danach können Sie den Abbruch vornehmen lassen.«

Janine möchte eine Operation vermeiden und fragt ihre Ärztin nach der Möglichkeit eines medikamentösen Abbruchs. Die Ärztin zögert, atmet hörbar aus. »Jaaaa … diese Form des Abbruchs machen nicht viele …« – »Egal«, erwidert Janine. »Ich werde keine Mutter. Und ich will, dass jetzt alles schnell geht. Es macht überhaupt keinen Sinn zu warten. Worauf denn? Ich möchte einen medikamentösen Abbruch.«

Janines Schwester springt ihr zur Seite: »Ich kenne meine Schwester. Sie ist sich absolut sicher, sie hat keinerlei Zweifel

an ihrer Entscheidung.« – »Wohin kann ich mich wenden?«, fragt Janine die Gynäkologin eindringlich. Die Ärztin greift ein kleines Notizbuch, blättert darin herum. Dann notiert sie für Janine die Adresse eines Gynäkologen – auf einem kleinen weißen Zettel. Es ist der einzige Arzt in der Umgebung, der medikamentöse Abbrüche vornimmt.

»Ich war wirklich froh, dass die Ärztin mir geholfen hat! Aber ich habe schon gespürt, dass das alles irgendwie heimlich war. Nicht offiziell. Verborgen. Verboten.« Die Beratungsstelle von Donum Vitae ist nicht weit entfernt, Janine und ihre Schwester gehen sofort dorthin. Janine klopft. Eine Frau öffnet ihr die Tür, sagt, sie hätten erst in ein paar Tagen wieder Termine frei. Sie könne ein anderes Mal wiederkommen, nächste Woche.

Janine insistiert: »Nein! Bitte. Ich brauche wirklich sofort einen Termin! Jetzt.« Nach kurzem Zögern bittet die Frau sie herein. »Ich war unheimlich erleichtert, dass ich nicht warten musste. Die Dame von Donum Vitae war ganz toll! Sehr empathisch. Das hat mir in der Situation echt geholfen.« Sie unterbricht Janine nicht, lässt sie ausreden und erklären, was sie möchte und was nicht. Viel muss Janine auch gar nicht sagen. Ihre Schwester sitzt die ganze Zeit neben ihr.

»Ich wollte den Abbruch ja nicht so schnell wie möglich, damit ich mich nicht mehr umentscheiden kann. Sondern weil ich mir eben absolut sicher war. Es ergab einfach überhaupt keinen Sinn, länger zu warten.« Die Frau fragt, ob Janine über die medizinischen Möglichkeiten Bescheid wisse. Janine bejaht und sagt, dass sie bereits Namen und Adresse eines Arztes habe, der den Abbruch so durchführt, wie sie es möchte, medikamentös. »Ich habe selten eine Frau hier gehabt, die sich so sicher war«, meint die Dame von Donum Vitae. Sie stellt Janine den Beratungsschein aus. »Beim Abschied hat sie mich noch angelächelt und mir viel Glück gewünscht. Es war toll, dass sie das Thema nicht überdramatisiert hat. Das hat geholfen. Für mich war die ganze Situation Stress pur. Und ich wollte den Abbruch einfach hinter mich bringen. So schnell es geht.«

Sofort im Anschluss geht Janine weiter zur örtlichen Filiale ihrer damaligen Krankenkasse. »Ich dachte zuerst, der Abbruch würde einfach von der Kasse übernommen. Ich wusste nicht, dass ich da persönlich hingehen muss, das hat mir erst die Frau bei Donum Vitae erklärt. Ich hatte keine Ahnung, dass der Abbruch dann doch so viel Bürokratiekram werden würde.« Janine weiß, was sie will. »Ich brauche einen Schwangerschaftsabbruch«, sagt sie zur Mitarbeiterin in der Geschäftsstelle. Die junge Mitarbeiterin ist peinlich berührt, sie zögert, druckst herum: »Ähhh … ja, also … Oh, ein Abbruch …«

Sie ruft eilig eine Kollegin herbei. Auch die ist noch sehr jung. Hinter vorgehaltener Hand sagt die eine ganz leise zur anderen: »Ein Abbruch … Oh!« Die erste Mitarbeiterin fasst sich wieder: »Dann brauchen wir bitte Ihren Studierendenausweis«, sagt sie mit leiser Stimme, kaum hörbar. Janine holt ihren Ausweis aus dem Portemonnaie, legt ihn auf den Tisch. Die Frau macht eine Kopie und füllt ein Formular aus. »Ich habe einfach nur gedacht: Wow! Ich wusste nicht, dass das jetzt so ein großes Problem ist. Sie haben mir das Gefühl gegeben, es wäre etwas Illegales. Und das ist es ja auch. Und genauso wird man währenddessen auch behandelt. Alles läuft hinter vorgehaltener Hand. Ich hab mich gefühlt wie eine Kriminelle. In dem Moment wollte ich einfach nur dieses Schreiben in der Hand haben, auf dem steht, dass die Kasse die Kosten übernimmt.«

Janine ist zu diesem Zeitpunkt finanziell nicht gut aufgestellt – schon gar nicht für überraschend anfallende Summen, die gezahlt werden müssen. Sie bekommt BAföG, kratzt immer am Existenzminimum. Hätte ihr Freund nicht gesagt, er bezahle den Abbruch, hätte sie sich spätestens jetzt, bei der Krankenkasse, ernsthaft Sorgen gemacht. So weiß sie aber zum Glück: Wenn es hart auf hart kommt, bezahlt er. Sie selbst könnte dafür nicht aufkommen, 300 bis 500 Euro kostet ein Schwangerschaftsabbruch. Geld, das Janine nicht hat. Ihr ist es jedoch lieber, wenn ihre Krankenkasse den Abbruch bezahlt und nicht ihr Freund. »Ich wollte keinen Mann dabeihaben. Es war meine Sache. Meine Geschichte, mein Körper, mein Abbruch. Mein Kind, das ich nicht bekomme. Meine Entscheidung, keine Mutter zu werden. Das alles hatte mit ihm relativ wenig zu tun. Eigentlich gar nichts.«

Den Kostenübernahmebescheid in der Hand, ruft Janine den Gynäkologen an, dessen Nummer auf dem kleinen weißen Zettel steht. Sie bekommt problemlos einen Termin für Montag, den nächstmöglichen Tag nach Ablauf der gesetzlich vorgeschriebenen Bedenkzeit. »Es war für mich eine Horrorvorstellung, diese Schwangerschaft unnötig weiterführen zu müssen. Dieser Gedanke hat mich unheimlich gestresst. Viel mehr als der bevorstehende Abbruch! Zu wissen, ich muss jetzt noch weiter schwanger sein, war schrecklich. Die Entwicklung des Embryos geht ja zack, zack. Diese Tage des Wartens waren das Allerschlimmste.«

Zusammen mit ihrer Schwester fährt Janine am Montagmorgen, drei Tage später, in die Praxis. Hand in Hand mit ihrer Schwester. Der Arzt ist um die 50 Jahre alt, er untersucht Janine im Ultraschall, der Embryo ist klar zu sehen. Janines Gynäkologin konnte vier Tage zuvor noch nichts erkennen. Janine ist perplex, wie schnell das geht. Der Arzt fragt sie, ob sie die Ultraschallaufnahme sehen möchte. Janine bejaht, und der Arzt dreht den Monitor so, dass sie etwas erkennen kann.

»Ich wollte irgendwie wissen, wie das jetzt gerade aussieht. Ein Teil der Verantwortung, die ich übernehme. Ich wollte sehen, was ich hier tue, ich wollte sehen, wogegen ich mich entscheide. Ich wollte die Augen nicht davor verschließen. Es war ja nun mal da und es musste weg. Das war schon irgendwie eine traurige Angelegenheit, mit der ich mich auseinandersetzen wollte. Eine Entscheidung für oder gegen etwas. Aber auch nicht mehr und nicht weniger. Die Frage des Arztes, ob ich es sehen will, war schon nett gemeint. Aber leider war das auch der einzige Moment, der halbwegs okay war. Was folgte, war wirklich unfassbar …«

Nach der Untersuchung geht Janine vom Behandlungsraum nebenan ins Besprechungszimmer. Ihre Schwester hat währenddessen draußen gewartet, nun begleitet sie Janine. Die beiden Frauen sitzen nebeneinander vor dem Schreibtisch des Arztes. Er starrt auf seinen Computerbildschirm,

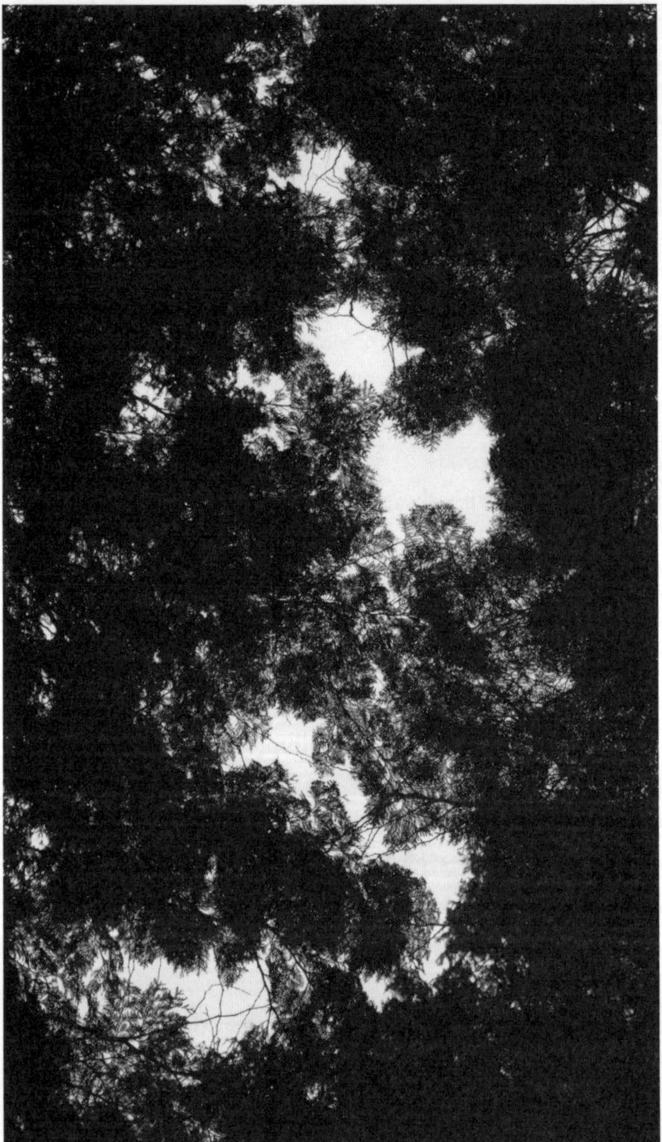

er sieht Janine nicht an, er sieht ihre Schwester nicht an. Irgendwoher zieht er plötzlich eine kleine Plastikfigur, einen Fötus, hautfarben, hervor und legt ihn mitten vor Janine auf den weißen Tisch.

Sie ist sprachlos, gleichzeitig empört und irritiert. Panik flutet ihren Bauch. Wut. Tonlose Wut, die sich langsam ihren Weg nach oben bahnt. »Und jetzt?«, fragt Janine gereizt. »Sie sind dabei, einen Mord zu begehen, das wissen Sie, oder?« – »Was soll das?« Ihre Stimme ist rau. Sie blickt den Arzt an, entsetzt, völlig irritiert, verstört. Sie hat so ziemlich alles erwartet. Nur nicht das. »Was Sie da vorhaben, ist Mord«, wiederholt der Arzt. Janine räuspert sich. »Nein. Ich begehe keinen Mord«, antwortet sie bestimmt. Sie konzentriert sich auf ihre Atmung. Janine will diese Tabletten haben. Sie will einfach nur diese Tabletten haben, die dieser Arzt, der ihr gegenübersitzt, in seiner Schublade hat. Und sonst keiner im Umkreis. »Gib mir den Scheiß jetzt einfach. Und dann will ich dich nie wiedersehen. Ich will das jetzt einfach nur machen«, schießt ihr durch den Kopf. Auch ihre Schwester traut ihren Ohren nicht. Janine blickt auf die Plastikfigur – abgesehen von der Empörung über den Versuch, sie als Mörderin darzustellen, lässt sie der Anblick des glänzenden Plastikfötus kalt – und dann zum Arzt. »Seine Worte haben mich nicht getroffen. Weil es für mich kein Mord war. Weil es für mich kein Mord ist«, erinnert sie sich. Heute, im Nachhinein, ist Janine davon überzeugt, dass er sie einfach nur verunsichern wollte. Sie davon abbringen, die Schwangerschaft abzubrechen.

»Ich fand das alles einfach so paradox! Um Schwangerschaftsabbrüche anbieten zu dürfen, müssen Ärzte eine spezielle Fortbildung machen. Warum geht er also zu dieser Fortbildung? Warum bietet er überhaupt Abbrüche an, wenn das für ihn Mord ist? Er kann es ja auch einfach lassen.« Wäre es nicht so dringend gewesen, hätte Janine einen Aufstand gemacht. Lautstark ihre Meinung gesagt, sie wäre aufgesprungen, ihr Stuhl wäre polternd nach hinten gefallen. Sie hätte diesem Typen unmissverständlich klargemacht, dass es *so* nicht geht. Überhaupt nicht!

»Was denkt der sich bloß dabei? So ein widerliches Arschloch! So ein riesengroßes Arschloch! Aber ich war in einer vulnerablen Situation. Ich habe befürchtet, wenn ich ihm jetzt widerspreche, ihm jetzt sage, dass ich seinen Umgang mit mir und meinem Anliegen völlig inakzeptabel finde, wird er entgegnen: ›Na, dann gehen Sie doch woandershin!‹« Er war in einer Machtposition und Janine von seinem Wohlwollen abhängig. »Patriarchale Gewalt, männliche Macht: Da haben wir sie wieder.«

In diesem Moment ist es ihr wichtiger, die Schwangerschaft zu beenden. So schnell wie möglich. Daher kontrolliert Janine die Wut in ihrem Bauch und sagt dem Arzt so ruhig wie möglich: »Ich begehe keinen Mord. Wenn Sie das dennoch so sehen, verstehe ich nicht, warum Sie Abbrüche anbieten. Ich möchte jetzt diese Tabletten haben, dafür nehme ich Ihre Leistung ja in Anspruch.« Janine blickt den Arzt direkt an. Ihre Schwester sitzt neben ihr, sprachlos. Vor allem will sie die Situation nicht zum Eskalieren bringen. Der Arzt schaut die beiden Frauen nicht an, kein einziges Mal während des ganzen Gespräches. »Vielleicht wollte er meinem Blick ausweichen. Wenn man direkt angesehen wird, fühlt man sich ja auch irgendwie angesprochen. Man wird in die Verantwortung gezogen.«

Stille. Nur der Computer surrt leise vor sich hin. Hinter der Tür telefoniert die Sprechstundenhilfe. Der Arzt rollt mit dem Stuhl zur Seite und zieht eine Schublade hinter seinem Schreibtisch auf, weiß mit schmalem Metallgriff. »Das war eine olle Schublade mit lauter Zeug drin, so eine, in der man herumkramt, wenn man einen Kugelschreiber sucht. Da waren alle möglichen Sachen drin«, erinnert sich Janine. Er greift ein paar weiße Tabletten heraus und wirft sie vor Janine auf den Tisch. »Na, dann machen Sie mal«, sagt er. Demonstrativ. Erniedrigend. Janine schluckt die Tablette sofort. Ohne eine Sekunde zu zögern. Zack, weg!

Mifegyne. Der Wirkstoff unterbricht die Versorgung des Embryos. Der Arzt gibt ihr noch weitere Tabletten mit, die sie am nächsten Tag nehmen muss. Mechanisch erklärt er, es gäbe noch die Möglichkeit, das unter Beobachtung in einem Krankenhaus zu tun; sie würde dann während der Blutung dort bleiben. »Nein. Also, bluten kann ich auch alleine!«, antwortet Janine scharf. »Gut, dann nehmen Sie die Tabletten zu Hause«, sagt der Arzt. »Dort sollten Sie dann aber nicht alleine sein. Oder wenigstens jemanden in der Nähe haben, der auf Abruf bereitsteht.«

»Er hat mir dann zwar noch erklärt, was zu beachten ist, und mir die nötigen medizinischen Informationen gegeben. Aber sein Verhalten! Das war absolut inakzeptabel und paternalistisch! In meiner Entscheidung hat er mich damit überhaupt nicht verunsichert, in keiner Weise. Es war halt einfach nur unfassbar! Ich hatte kaum Möglichkeiten, ihm auf Augenhöhe zu begegnen. Ich habe es zwar versucht. Aber ich hatte dabei die ganze Zeit Sorge, dass er einen Rückzieher macht. ›Sie sind dabei, einen Mord zu begehen.‹ Als ob er die moralische Deutungshoheit darüber hätte, was ich gerade mit meinem Körper mache! Wieder: patriarchale Gewalt. Sein Verhalten war so dermaßen widersprüchlich! Das werde ich nie vergessen.«

Irgendwann, viel später, ruft Janine bei der Ärztekammer an und meldet, was an jenem Montag in der Praxis passiert ist. »Tatsächlich?«, fragt ihr Gegenüber am Telefon erstaunt. »Also bisher gab es hier noch keine Beschwerden.« – »Dann bin ich eben die Erste«, entgegnet Janine bestimmt. Sie kann sich allerdings nicht vorstellen, dass sie tatsächlich die Erste war, die so behandelt wurde. Janine hat nie wieder etwas von der Ärztekammer gehört.

Am Tag nach dem Arztbesuch zieht sich Janine allein in ihre Wohnung zurück. Ihre Schwester hat angeboten, zu ihr zu kommen und für sie da zu sein. »Aber es war einfach eine sehr intime Sache für mich. Ich wollte alleine sein. Ich habe meine Musik laufen lassen. Und dann habe ich die weiteren Tabletten geschluckt, fünf Stück, im Abstand von jeweils zehn Minuten.« Irgendwann bekommt Janine Schmerzen, aber die sind erträglich. Und dann geht es relativ schnell. Die Blutung setzt ein. Der Arzt hat Janine noch gesagt, dass die Blutung eine ganze Weile andauern kann, bis zu zwei Wochen. Bei Janine sind es insgesamt zwölf Tage. In dieser Zeit geht sie zur Uni, besucht Vorlesungen und Seminare, geht arbeiten. Ihr Freund ist präsent, die beiden sehen sich regelmäßig. Er ist empathisch, vorsichtig, fragt er, wie es ihr geht.

»Er musste mich da aber auch nicht großartig festhalten oder so. Für mich war es okay. Es ist ein Abbruch, das dauert. Deswegen brauchte ich aber keinen großen Support. Für mich war das jetzt einfach so. Und irgendwann gehen Schmerzen und Blutung vorbei, dann war es das. Ich hab einfach mein Leben weitergelebt.«

Eine Woche nach dem Abbruch, Janine blutet noch immer, macht sie erneut einen Schwangerschaftstest. Allein, in ihrem Badezimmer. Sie will überprüfen, ob es geklappt hat. Der Test ist positiv, Janine entsetzt. »Ich habe immer wieder gedacht: WENN das jetzt nicht geklappt hat, dann raste ich aus! Dann raste ich wirklich aus!« Sie ruft sofort den Arzt an. Er sagt, das habe nichts zu bedeuten. Nach einem medikamentösen Abbruch dauere es länger, bis sich der Körper angepasst hat, die Hormone wieder im Normalzustand sind. So lange zeige ein Schwangerschaftstest ein positives Ergebnis.

Zwei oder drei Wochen später geht Janine zur Nachsorge zu ihrer Gynäkologin. Es ist nichts mehr zu sehen, der Abbruch hat funktioniert, es ist alles gut gelaufen. »Mein Abbruch war eine der besten Entscheidungen, die ich je getroffen habe«, sagt Janine überzeugt. Dennoch trauert sie. Oder gerade deswegen. Sie trauert, weil die Situation so war, wie sie war. Weil es so sein musste. »Ich hätte lieber keinen Abbruch gehabt. Dieses ganze Prozedere, diese Wartezeit und vor allem das Gefühl: Eigentlich gehört mir mein Körper gar nicht richtig. Eigentlich gehört er halb dem Staat, und der ist weiß, männlich und heterosexuell. Aber ich habe kein

Schuldgefühl deswegen. Ich habe keine Scham, es ist kein Trauma. Es ist halt eine Sache von vielen in meinem Leben. Es gehört dazu, dass ich das gemacht habe. Und ich würde es jederzeit wieder tun.«

Janine hat immer offen darüber gesprochen, ihren Freundinnen von dem Abbruch erzählt. Sie lehnt sich auf der schwarzen Holzbank zurück, legt den rechten Arm auf die Lehne, schlägt ein Bein über das andere, spricht kraftvoll gegen die Cafégeräusche an.

»Der Witz ist, dann kam mehrmals: ›Ich hatte auch einen Abbruch, aber ich habe mich nie getraut, es jemandem zu sagen.‹ Fünf oder sechs langjährige Freundinnen haben mir nach und nach von ihren Abtreibungen erzählt. Manche auch erst eine Weile, nachdem sie von meinem Abbruch erfahren haben.«

Vor ein paar Jahren hat Janine eine Ausbildung zur Trauer- und Sterbebegleiterin gemacht. Währenddessen fragt die Leiterin, eine Therapeutin, ob noch jemand etwas zum Thema Trauer ergänzen möchte. Janine nennt: »Die Trauer um ein Kind, das man nicht bekommen hat. Trauer um ein Kind, das man bewusst nicht bekommen hat.« Sie empfindet es nicht als Widerspruch, zu trauern und gleichzeitig glücklich mit der zu betrauernden Entscheidung zu sein. Wir trauern ja auch um Orte, die wir verlassen mussten, um Beziehungen, die wir beenden mussten, wir betrauern Dinge und Menschen, gegen die wir uns entschieden haben, wir betrauern nicht Dagewesenes. Trauer ist mannigfaltig. Janine erzählt von ihrem Abbruch wie von anderen Entscheidungen in ihrem Leben. Frauen öffnen sich plötzlich, wenn sie das Thema anspricht. Enttabuisierung. Und dadurch wird es ein Stück weit normaler. Zu einer Sache, die eben dazugehört zum Leben. Sie selbst ist – damals wie heute – mit sich im Reinen. Ihre Abtreibung hat das Verhältnis zu ihrem Körper, ihrer Weiblichkeit nicht beeinflusst. »Wir alle leben in gesellschaftlich konstruierten Schablonen, denken in Rahmen, denen wir entweder entsprechen und denen wir uns anpassen – oder eben nicht. Was ist das überhaupt – eine Frau? Wer wird als solche gelesen? Ab wann ist jemand keine Frau mehr? Was ist Geschlecht? Für mich ist Weiblichkeit ohnehin ein Konstrukt, genau wie Männlichkeit. Kulturell bedingt und variabel – wenngleich immerzu Teil patriarchaler Narrative. Und dagegen gilt es anzukämpfen. Aber Diskurse ändern sich. Langsam, aber sie ändern sich. Und es gibt Möglichkeiten des Widerstands. Für mich bedeutet Weiblichkeit nicht, einen Uterus zu haben. Frausein bedeutet nicht, Mutter zu werden, auch nicht, Brüste zu haben, das ist für mich überhaupt nicht daran gekoppelt. Vielleicht ist es aber auch ein subversiver Akt, sich als gebärfähige Frau im gebärfähigen Alter gegen eine Schwangerschaft, die existiert, zu entscheiden. Kein Kind zu bekommen, auch wenn frau es könnte. Dann ist es ein Teil des Widerstands. Ein Teil meines Widerstands. Das kann gut sein.«

Bereits vor ihrem Abbruch war Janine überzeugte Feministin. Schon vorher wusste sie, dass sich in Sachen Abtreibung sowohl auf gesellschaftlicher wie politischer Ebene einiges verändern muss, da Schwangerschaftsabbrüche noch immer illegal sind, noch immer unter Strafe stehen. Diesen Prozess jedoch selbst zu durchleben, am eigenen Leib zu fühlen, war eine einschneidende Erfahrung. »Meine Abtreibung hat mir sehr bewusst gemacht, dass ich als Frau offenbar noch immer nicht frei über meinen eigenen Körper entscheiden darf. Es hat mir gezeigt, wie hart ich dafür kämpfen muss, dass mein Körper mir gehört. Mir ganz allein. Und diese Aussage scheint im vorherrschenden Diskurs schon anmaßend zu sein. Frauen fordern das Recht auf körperliche Selbstbestimmung – hört sich so harmlos an, ist aber ein andauernder, feministischer Kampf. Das hat mich sehr erschreckt und beschäftigt mich bis heute. Die Gesetze, die jedes Jahr unzählige Frauen in diese unsäglichen Ängste stürzen, sind im Jahr 1933 entstanden. Dahinter steht die Idee, dass der Embryo vor der Entscheidung der Frau geschützt werden muss. Es ist faschistisch und ein Auswuchs der Bemächtigung des weiblichen Körpers durch patriarchale Strukturen. Diese Position ist für mich wirklich die Essenz des Fundamentalismus: Hier werden Freiheiten verunmöglicht und Handlungsmacht wird beschnitten. Und zwar vornehmlich nicht die Freiheiten der Männer – die haben sie ja schon seit Jahrtausenden gepachtet. Sondern die Freiheiten der Frauen. Das empört mich stetig! Das sollte eigentlich alle empören! ALLE!«

Aus Verantwortung für die Umwelt hat sich der
Verlag Kiepenheuer & Witsch zu einer nachhaltigen
Buchproduktion verpflichtet. Der bewusste Umgang mit
unseren Ressourcen, der Schutz unseres Klimas und der Natur
gehören zu unseren obersten Unternehmenszielen.
Gemeinsam mit unseren Partnern und Lieferanten
setzen wir uns für eine klimaneutrale Buchproduktion ein,
die den Erwerb von Klimazertifikaten zur Kompensation
des CO_2-Ausstoßes einschließt.

Weitere Informationen finden Sie unter:
www.klimaneutralerverlag.de

FSC www.fsc.org MIX Papier aus verantwortungsvollen Quellen FSC® C083411

Verlag Kiepenheuer & Witsch, FSC® N001512

1. Auflage 2021

© 2021, Verlag Kiepenheuer & Witsch, Köln
Alle Rechte vorbehalten
Covergestaltung: FAVORITBUERO, München
Covermotiv: © Laura Wencker
Fotografien im Innenteil: © Laura Wencker
Gesetzt aus der Adobe Caslon Pro
Satz: Buch-Werkstatt GmbH, Bad Aibling
Druck und Bindung: CPI books GmbH, Leck
ISBN 978-3-462-00210-2